百年大变局下江苏人才发展路径及策略研究

李 钊 著

山东大学出版社
SHANDONG UNIVERSITY PRESS
·济南·

图书在版编目(CIP)数据

百年大变局下江苏人才发展路径及策略研究/李钊著.—济南:山东大学出版社,2021.8
ISBN 978-7-5607-7120-5

Ⅰ.①百… Ⅱ.①李… Ⅲ.①人才培养—研究—江苏
Ⅳ.①C964.2

中国版本图书馆 CIP 数据核字(2021)第 160628 号

责任编辑 徐 翔
文案编辑 蔡梦阳
封面设计 张 荔

出版发行 山东大学出版社
社　　址 山东省济南市山大南路 20 号
邮政编码 250100
发行热线 (0531)88363008
经　　销 新华书店
印　　刷 山东和平商务有限公司
规　　格 880 毫米×1230 毫米 1/32
　　　　 5.75 印张 160 千字
版　　次 2021 年 8 月第 1 版
印　　次 2021 年 8 月第 1 次印刷
定　　价 45 元

前　言

何为大变局？概而论之，大变局就是因某一重大事件或一系列重要事件而引发国际格局大调整、世界形势大革新、未来发展趋势大转变的重要历史时刻或重要时局。回溯历史，因日军发动珍珠港袭击引发了二战时期美国对日宣战，从而彻底改变了太平洋战场的战争形势，美军向日本投放原子弹，最终使日本天皇无条件投降；以美苏“冷战”为标志，经过长达四十年的经济、军事、科技等全方面对抗后，形成了苏联解体、东欧剧变的世纪大变局；因本·拉登发动“9·11”空袭引发了美国与世界各国合作打击恐怖主义的联合行动，使国际恐怖主义日渐式微；以调查大规模杀伤性武器为理由，美国与盟国发动了伊拉克战争，颠覆了萨达姆政权，从而改变了中东时局……这些大变局，无一不是在当时及其以后很长时期里影响了世界潮流，改变了时代格局。

当前，我们又处于怎样的大变局下呢？世人皆云“百年未有之大变局”，可又有多少人既知其然又知其所以然呢？在网络世界的海量热门词语中，如美国大选、贸易摩擦、疫情大流行、人类命运共同体等等，这些关键词折射出一个又一个的重大事件。让我们在信息的海洋中透过迷雾，通过重大事件理清脉络、把握大势，看清中国百年大变局的缘起、发展、演变和影响。

中国共产党执政下的中国已走过艰难曲折、波澜壮阔的七十多年，未来国运在哪里？中国经过改革开放，尤其是加入 WTO 后进入经济腾飞期已有二十年，未来战略在哪里？如今江苏省大力推进“强富美高”建设，针对人才与产业、科技的融合发展，未来策略又如何？这些问题都必须在百年大变局的框架下来进行解答。假如对大变局不知、不明、不透，就妄谈战略规划，要么百无一用徒增浪费，要么与时局相悖误国误民，如同在沙滩上画画一样，画作即使再美，很容易湮灭消失在浪潮之下。如今解读迷局的钥匙就在于中美贸易摩擦和全球疫情大流行，这也是本书研究的重点所在。限于笔者的能力和条件，本研究尚有不足，且观点仅为一家之言，请读者批评讨论。

李　钊

2021 年 5 月 29 日

目 录

第一篇

百年大变局下的人才发展新态势

第一章　中美经济贸易摩擦:趋势与影响

中美贸易摩擦指的是自 2016 年特朗普当选美国总统以后,美国以美中货物贸易巨额逆差为由,以 2018 年基于“301 调查”对中国商品加征关税为重要标志,对中国采取诸多经济、贸易、政治行动,引起中国强烈抗议和反制,形成了美中两国以贸易摩擦为主要形态的重要对抗事件。中美两国经过十余轮的面对面高级别贸易会谈,达成第一阶段协议。然而,截至 2021 年 5 月,第一阶段协议执行情况评估迟迟未开展,第二阶段协议更是遥遥无期。无论未来形势如何变化,我们都要清醒地看到中美贸易摩擦的核心本质,以及其对中国科技、人才、产业发展带来的影响和未来演变趋势。

一、把握深层次原因,揭示中美贸易摩擦的本质和核心

(一)中美贸易摩擦的本质是不同意识形态的对抗

资本主义和社会主义两种国家意识形态和体制的对抗从 20 世纪一直持续至今。1947 年到 1991 年,以美国、北大西洋公约组织为主的资本主义阵营,与苏联、华沙条约组织为主的社会主义阵营,掀起了以“冷战”为主要特征的政治、经济、军事斗争。20 世纪末,苏联解体,东欧剧变,整个社会主义跌入低谷。之后,经过改革开放 40 多年发展,中国特色社会主义迅速崛起,扭转了苏联解体后两种社会制度、两种意识形态斗争的总格局,也意味着科学社会主义在 21 世纪的中国焕发出强大生机活力,在世界上高高举起了中国特色社会主义伟大旗帜。近年来,人类命运共同体、“一带一路”倡议、孔子

学院等重要举措在国际政治、经济、文化等多个领域叫响中国声音、展露中国力量、彰显中国影响。中美贸易摩擦在此时爆发，与其说这是一场经贸摩擦、贸易摩擦，不如说是一场政治斗争、意识形态斗争，实质上这也是社会主义和资本主义两种社会制度、两种意识形态的较量。

（二）中美贸易摩擦的核心是不同经济制度的对抗

当前，美国主要奉行的经济制度是新经济自由主义。新经济自由主义作为一种倡导市场机制的经济理论和政策体系，继承了古典经济自由主义的基本理念，"华盛顿共识"将其概括为"三化"，即市场化、自由化、私有化。而当前中国坚持的是公有制为主体、多种所有制经济共同发展的社会主义初级阶段基本经济制度，发挥国有经济的主导作用，允许个体经济、私营经济存在与发展，鼓励外资的引进与发展。随着中美贸易摩擦不断升级，美国将中国视为"非市场经济国家"并适用"替代国"做法。对此中国商务部给予坚决回应：目前中国已经建立并不断完善社会主义市场经济体制，美方无视中国市场经济建设取得的巨大成就，继续认定中国为"非市场经济国家"，是对中国实际情况的严重歪曲。美国对中国经济体制是自由的、市场化的，还是国有的、非市场化的，是按照西方标准进行认定，使中国在国际经济和贸易格局中处于不利地位。

（三）中美贸易摩擦的主因是不同贸易政策的对抗

以特朗普为总统的美国政府将中美贸易摩擦的主要诱因归于美中巨额贸易逆差，声称"美国每年都要输给中国 5 000 亿美元""美国损失了数百万制造业岗位""美国是中美贸易的受害者"。然而，美国巨额贸易逆差并非因中国而生，也不会因中国而终。一方面，过度消费、储蓄不足、巨额财政赤字是美国贸易逆差形成的根本原因；另一方面，美国也利用美元作为国际贸易主要支付手段和储备货币的地位，借助不断扩大的贸易逆差，通过美元回流购买美国国债获得大量廉价资本，用于高科技等领域投资，成为经济全球化的最大受益者。从生产看，美国处于全球产业链、价值链高端，控制了专利技术、核心零部件以及研发设计、营销等高附加值环节，利用类似苹果手机等高科技产品攫取高额利润。从消费看，美国大量进口物美价廉“中国制造”产品供美国人消费，却限制民用高技术产品对华出口，对中国至关重要的高新技术产业进行战略压制，进口与出口不均衡造成了贸易逆差。据美国有关机构分析，如果放宽民用高技术产品对华出口限制，美对华贸易逆差可减少 35%左右。2019 年 8 月，美国财政部将中国列为“汇率操纵国”，为中国国际贸易再增障碍。随着“美国优先”贸易保护主义的回归，中美贸易必然矛盾渐多、摩擦不断、冲突不止。

二、聚焦科技与人才，看清中美贸易摩擦的趋势和影响

中美贸易关系错综复杂、冲突不断，一旦形势不断恶化，中美关系可能会全面“脱钩”，进入“新冷战”状态，并形成世界范围的“去中国化”，进而对中国的科技、贸易、产业、经济、政治及社会发展产生颠覆性的冲击。

（一）中美贸易面临重启对抗的风险

2016 年特朗普当选美国总统以后，美国以美中贸易巨额逆差等为理由，以 2018 年基于“301 调查”对中国商品加征关税为重要标志，对中国采取了诸多经济贸易压制行动，引起中国的强烈抗议和反制。经过十多轮的高级别贸易会谈，中美于 2019 年 12 月达成第一阶段协议，并将根据第一阶段协议的履行评估情况，开展下一阶段的贸易协商。然而，2020 年 8 月中美贸易第一阶段评估会议取消而且迟迟不再召开，可能意味着中美贸易第一阶段协议将以失败而告终，未来中美贸易面临着重新走向对抗之路的巨大风险。受全球疫情等各方面影响，彼得森国际经济研究所（PIIE）的数据显示，截至 2020 年 11 月，中国承诺购买的约 1 590 亿美元美国商品只实现了 820 亿美元。2021 年 1 月，美国总统大选尘埃落定，拜登就任新总统。通过几个月观察，拜登总统为首的美国政府对华政策并没有像普遍预测的那样出现“回头、转向”，而是延续了前任总统的大部

分贸易政策，甚至在某些政策方面还加剧了中美贸易对抗。2021年5月，欧洲议会通过决议，要“冻结”中欧投资协定，这为贸易摩擦背景下中国对外开放贸易和“一带一路”倡议的实施增加了更多障碍和阻力。

（二）美国等国家正从中国撤走产业链

具有国际影响力的跨国企业在中国建厂经营，往往有供应链上、中、下游的许多中小企业为其紧密配套、供应或服务，进而带动一个产业集群的蓬勃发展。相反，一个跨国企业的撤离也意味着整个供应链上的企业集群也迅速产生连锁反应，随之外迁、减产，甚至破产消亡，产业发展、技术创新、人才就业都会遭受致命伤害。受中美贸易摩擦的影响，加上中国制造业成本上升和国际政治经济形势变化等诸多因素，大量外资开始撤离外迁。根据质量控制和供应链审核机构“启迈QIMA”的调查报告，80%的美国公司和67%的欧盟国家的公司正在离开中国，比较典型的有苹果、希捷、甲骨文、阿迪达斯等美欧企业，有日本电产、松下、尼康、奥林巴斯、索尼、YOKOWO、富士通、三星、乐天等日韩企业。疫情大流行下，美国、日本等国家正出台政策，鼓励在中国的外资企业加快撤离中国到本土或东南亚办厂。例如，美国政府对于搬迁企业负责厂房、设备、知识产权、组织建设，补助100%的搬迁费用。日本政府也宣布出资22亿美金协助日本企业撤离中国，避免对中国产业链的过度依赖。随着大量外资撤离，尤其是具有国际影响力的高新技术龙头企业的撤走，整个产业链也随之外迁转移，这可能会造成国内部分制造业的空心化、人才失业的扩大化。

（三）美国开始全面制裁中国龙头企业

对中国龙头科技企业进行制裁和出口管制，是美国政府在中美贸易摩擦中的常用手段。2018年4月，美国商务部（BIS）以违反美国出口管制法规为由将中兴通信公司等中国企业列入“实体清单”，对中兴公司采取限制出口措施。陷入“休克”状态的中兴最终以缴纳10亿美元罚款和4亿美元保证金、接受对方派遣人员的监督等为条件才被正式解除制裁。2018 年 8 月 1 日，美国商务部工业安全局正式以国家安全和外交利益为由，将 44 家中国企业（8 个实体和 36 个附属机构）列入出口管制实体清单，正式开始对中国进行技术封锁。2019 年 5 月 15 日，美国商务部以“国家安全方面的担忧”为由，将华为及其 68 家非美国关联企业列入其“实体清单”，并表示今后如果没有美国政府的批准，华为将无法向美国企业购买元器件。同年 6 月 21 日、8 月 15 日、8 月 19 日分批增加了 9 家中国企业和 46 家与华为有关联的企业进入“实体清单”。同年 10 月 7 日，美国商务部将 28 家中国的机构和公司列入了美国出口管制“实体清单”，原因是“参与或有能力对美国政府的海外政策利益相左”。2020 年 5 月 23 日，美国商务部宣布将 33 家中国科技公司及机构列入出口管制名单，此名单是对 2019 年 10 月宣布的 28 家“实体清单”的补充。2020 年 8 月 26 日，美国商务部将 24 家中国企业列入制裁名单，限制其获取美国技术。同年 12 月，美国商务部将 58 家中国企业列入实体清单，宣称这些企业“与中国军方有关联”，并将限制其购买一系列美国商品和技术。截至 2020 年 12 月，共有 11 个批次大约 354 家中国企业受到美国商务部制裁。除了美国商务部，美国国防部、财政部、能源部也有相应的“黑名单”。这些被制裁的企业都是中国的龙头企业或重要机构，一经被制裁，如果应对不当，公司运营就面临“全部宕机”等极其严重的后果。

（四）美国逐步加码对中国科技人才的限制措施

高层次科技人才是以战略科技人才、科技领军人才、创新型企业家等为代表，是科技创新的灵魂和核心，很大程度上影响一个国家或者地区的核心竞争力，谁拥有了高层次科技人才谁就能够占据优势、拥有未来。当前，国家和各省实施诸多人才计划或项目，旨在吸引海外高层次科技人才回到中国，并参与到中国的尖端研究中。在中美贸易摩擦背景下，美国众议院 2018 年通过的国防授权法案（NDAA）中的一项修正案，将允许国防部终止向参与中国、伊朗、朝鲜或俄罗斯的人才计划的个人提供资金和其他奖励，以此来限制中国对海外高层次科技人才的引进和科技合作。近年来，类似“MD安德森癌症中心”的研究机构、大学和企业纷纷对多名华人科学家进行审查和辞退，并罗织他们从事技术间谍、盗窃商业机密、偷窃知识产权、违反保密原则等罪名，打压美国学界圈、实业圈的华人科学家。在新型冠状病毒性肺炎(简称“新冠肺炎”)疫情大流行下，美国率先限制航行和限制入境，同时不断加大针对中国留学生和访问学者的限制，甚至采取驱逐措施。美国国务院还连连发布新规，限制中共党员及其直系亲属赴美旅行，禁止中共统战官员或参与中共统战活动的人士入境美国。未来可以预测，中国科技人才进入美国可能将面临严格审查和限制。同时，美国对部分中国香港、新疆官员和14位全国人大常委会副委员长进行了制裁，人员级别上升到副国级，这是在中美历史上从来没有发生过的。2021年5月，美国国会通过《无尽前沿法案》，禁止参与中国方面支持的人才聘用项目的美国科学家可获得或者使用美国联邦政府的资金。这意味着中美敌对的信号越来越强烈，中美科技合作和交流进入寒冬。

（五）美国启动对中国的金融“脱钩”

2020年5月，美国取消香港的独立关税区地位，并且终止中国通过香港取得美国敏感科技技术的渠道，着力实现对中国的金融、贸易、科技、法律等层面的全面脱钩。2020年4月，瑞幸咖啡、爱奇艺、好未来等在美上市的中概股因伪造虚报等原因“三连暴雷”，意味着美国对中概股企业的审查与限制将日趋收紧。2020年12月，美国总统特朗普正式签署《外国公司问责法案》，该法案要求在美国交易所挂牌上市的外国公司，必须遵守美国的审计标准，不再允许以前中国企业按照中国法律法规在国内审计的例外情况。如果中国公司连续三年未能通过美国公众公司会计监督委员会(PCAOB)的审计，中国企业将被禁止在美国的任何交易所上市。截至2020年11月27日收盘，在美上市的中国公司共有262家，市值合计约24 126亿美元(约15.87万亿元人民币)，占美股总市值比例约4.46%。《外国公司问责法案》生效后，这些中概股企业面临要么退市、要么接受美国严格审计的两难境地。2021 年 5 月，中国电信、中国移动、中国联通三家运营商均发布公告称，美国纽约证券交易所维持摘牌决定，公司将从美国退市，这也许预示着中概股开始全面在美国退市。

（六）中美贸易摩擦影响了中国产业转型升级

目前，中国 GDP 总量排名世界第二，但经济规模不等于硬实力，人均 GDP 不高、经济结构不甚合理、产业大而不强等短板非常明显。因此，近年来中国实行“工业 4.0”计划，提出《中国制造 2025》，大力发展高科技产业，努力推进产业升级，致力建设世界科技强国和经济强国。然而，美国凭借高新技术战略优势和经济霸主地位，主动挑起贸易摩擦，在中国正在转型升级的产业领域上，不仅长期限制对中国出口产品，还试图遏制中国的技术进步。例如，通过各种正式的或非正式的贸易和投资规定，以及类似美国外国投资委员会（CFIUS）基于国土安全考虑而实施的单边审查工具，制约中国在高新技术领域的发展。在美国贸易代表办公室（USTR）公布的 1 300 多个独立关税项目中，其所涉及的产业几乎全部集中于《中国制造 2025》所支持发展的产业。可以预见，未来在大数据分析、人工智能、高超音速以及生物技术等战略科技领域，正在快速发展的中国企业肯定会继续受到来自美国的遏制。这也说明中国的产业转型升级之路将面临曲折复杂的阻碍和限制。

从 2020 年到 2021 年，新冠肺炎疫情大流行和中美贸易“新冷战”就像两头庞大的“灰犀牛”一样向中国冲来。对此，我们要居安思危、如履薄冰，不能有丝毫松懈，也要未雨绸缪、严阵以待。如果应对稍有不慎，可能将会引发某些领域“休克”“脆断”“雪崩”，甚至引起波及大范围的连锁效应。

第二章　全球疫情大流行:特征与态势

2020 年,新冠肺炎疫情在全世界范围内迅速蔓延,传播速度之快、波及国家之多、感染人数之巨、对全球经济社会所造成的影响之严重,亘古未有,且愈演愈烈。

一、全球新冠肺炎疫情大流行的特征态势

(一)传播速度快

截至 2021 年 5 月 3 日,全世界新冠肺炎感染确诊人数已经飙升到 1.5 亿多人,死亡人数累计超过 320 万。这意味着全球 70 多亿人,每 50 人就有 1 人已确认感染,可能很快发展成 40 人中有 1 人感染,接着 30 人、20 人……病毒传播速度呈指数级快速增长,每增长千万人所需时间越来越短。根据统计,从刚开始的几十人确认感染到 1 000万人经历了大约 200 天,从 1 000 万人到 2 000 万人经历 45 天,从 2 000 万人到 3 000 万人经历 37 天,从 3 000 万人到 4 000 万人经历 33 天,从 4 000 万人到 5 000 万人经历 19 天,从 5 000 万人到 6 000 万人经历 17 天,从 6 000 万人到 1.5 亿每增加 1 000 万也仅经历 10 余天。

(二)波及国家多

此次新冠肺炎疫情大流行从开始到迅速传播,已波及全世界 203 个国家和地区,连南极洲科研站、珠穆朗玛峰都未能幸免。全球

新冠肺炎疫情以扩展形成亚洲、北美、欧洲、拉丁美洲等几大高感染中心区域。截至 2021 年 5 月 3 日，美国、印度、巴西、法国、土耳其、俄罗斯、英国、意大利、西班牙、德国等国家感染人数突破 340 万，其中美国 3 318 万、印度 1 992 万、巴西 1 475 万。越来越多的国家受到了新冠肺炎疫情大流行的冲击。

（三）病毒防控难

2020 年，新冠肺炎病毒变异演化出 8 代以上的不同病毒亚种，亚种数量已经超过 130 种，主要分为占多数的 L 型亚种（潜伏期长毒性偏弱）、占少数的 S 型亚种（潜伏期短毒性强）、数量最少 S 型次亚种。2020 年 7、8、9 三个月，新冠肺炎病毒的“D614G”亚种在欧美大面积肆虐，其传播能力是普通亚种的十倍，60％以上的感染者感染的都为这一亚种。2020 年 10 月，一种名为“20A.EU1”的亚种在欧洲地区迅速蔓延，传播能力超过“D614G”10 倍以上，这一新变种在多个国家制造了大部分新增新冠肺炎感染者，其中在英国超过了 80％。同年 12 月，英国科学家发现，与以往的变异病毒株相比，肆虐当地的“B.1.1.7”新冠肺炎变种病毒株变异幅度更为剧烈，使得病毒传播能力较以往增强了 70％。2021 年以来，巴西、印度等国家都出现了新的新冠肺炎病毒变种，这些变种具有高变异、高传染的特点，以更快速度肆虐全球。新冠肺炎病毒的强变异特征使得各国采取措施抑制和管控新冠肺炎疫情大流行变得更加棘手、更加困难。如图 1-1-1 所示。

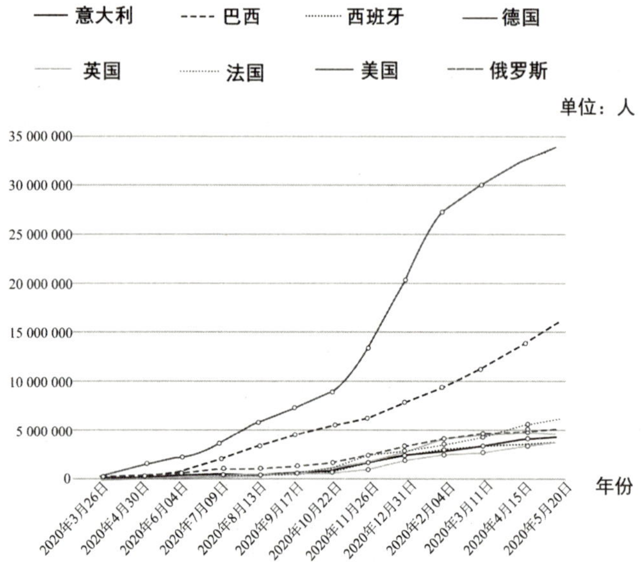

图 1-1-1　重点疫情国家累计确诊趋势(2020 年 3 月至 2021 年 5 月)

(四)影响范围大

新冠肺炎疫情大流行产生的巨大冲击以及防控措施造成的经济停摆使世界经济陷入严重收缩。根据世界银行估算，全球经济将陷入第二次世界大战以来程度最深的经济衰退，美国股市经历了前所未有的打击(11 天时间里出现 4 次熔断)。各国为控制疫情传播，采用封闭等方式严格限制人员流动和交通运输，对经济按下暂停键，这不仅严重影响了人民生活方式和工作方式，也对产业发展、国内外经济贸易、全球供应链、生产消费投资等都产生了致命冲击。由于疫情出现的感染风险，限制人员流动必然对产业发展，尤其是第三产业造成重创，吸纳就业人数最多的服务业企业大量关门倒闭，导致大量人群失业，大量人群失业又将导致整个社会不稳定，甚至会造成政治危机、社会动荡和一系列人道灾难。

目前，新冠肺炎疫情在全球肆虐了一年多时间，医药和疫苗研发等关键防治手段还存在着一定的不确定性，预计未来新冠肺炎疫情还将持续短则一年、长则三五年，甚至伴随人类生存生活生产活动很长的一段时间。

从2020年到2021年，国际社会在进行抗疫的同时，越来越多地聚焦于因全球新冠肺炎疫情问题带来的各种舆论争端。根据胡宗山教授总结，目前西方政客和媒体对中国的疫情政治舆论攻势可概括为"武汉、中国是病毒源头""中国故意散播病毒""中国瞒报疫情""中国疫情数据造假""中国囤积防疫物资""中国应承担疫情蔓延责任""应对中国进行调查，向中国追责索赔""中国对外抗疫援助有政治目的""新冠病毒是实验室制造，是生物武器"等若干种主要言论，发布这些言论的上至美国前总统特朗普、前国务卿蓬佩奥等人，下至美国"极右"势力代表班农以及一些媒体从业者、学者、智库代表等，还包括英国、法国、澳大利亚、新西兰、加拿大等国的一些政客和新闻媒体。[①] 以美国为首的一些国家还发起关于让中国为新冠肺炎疫情大流行所造成的生命和经济损失负责的诉讼和议案。随着全球新冠肺炎疫情大流行的愈演愈烈，世界各个国家都面临着疫情防控、封闭管制、企业倒闭潮、失业潮、粮荒等诸多问题，产生了巨大的公共卫生危机、经济危机、社会危机和政治危机。中国也面临着国内外政治经济等各方面的巨大挑战。

二、疫情下江苏省人才发展的形势与现状

2020年，全球新冠肺炎疫情大流行对国内经济社会、人才发展带来了巨大冲击，江苏省也不可避免地也遭受影响。

（一）众多行业受到严重波及

在新冠肺炎疫情前期，为有效控制疫情的蔓延，国内部分城市

---

① 参见胡宗山：《西方的疫情政治攻势与中国的应对》，《人民论坛》2020年第16期。

采取了抗击疫情的管制措施，原材料、劳动力等生产要素流通受阻，物流、生产、销售、回款等正常经营活动受到严重干扰，许多企业一度停工减产。农业、工业、服务业等绝大多数行业领域都遭受严重损失，建筑业、金融业、农林牧渔、房地产等行业深受波及。餐饮、旅游、电影、交运、教育培训等行业冲击最大。

(二)很多企业生产经营比较艰难

受新冠肺炎疫情影响，大量中小企业倒闭破产，大量个体户关门歇业，很多企业因订单取消、人员不足、物资供给中断等诸多原因虽然复工复产但仍步履艰难，许多企业通过减薪减员等方式努力“活下去”。据统计，仅仅 2020 年第一季度，国内有 46 万家公司倒闭，包括运营执照被取消的，以及自我宣布停止营业的公司，还包括 26 000 家从事出口的企业。

(三)人才资源市场出现需求紧缩

据智联招聘统计，受疫情影响，各行业大类的新增应届生需求全线下降。其中，广告/传媒、汽车行业的应届生需求跌幅超过 65%。近两年应届生关注度最高的五大行业分别是互联网、金融、房地产、专业服务和消费品行业，新增应届生岗位平均降幅达到 35.7%。由于疫情影响，30.4%的企业表示将会减员缩编，还有 29.68%无法为员工按时发放薪资。复工复产第一周的招聘职位数量同比下降 71.66%，断崖式招聘缩减严重。此外，因严格防控新冠肺炎疫情的急迫需要，我省许多高校现场招聘活动一度停止，许多招聘计划被取消、延迟或压减。据调研，疫情期间 53.2%企业明确表示会推迟招聘，44.2%企业原定现场招聘改为网络招聘。

(四)大学生群体就业率有所下降

江苏省 2020 届高校毕业生数量再创历史新高，达到 58.4 万名，约占全国高校毕业生的 6.68%，位居全国前列，规模较大。因受疫情影响，研究生面试、公务员面试以及事业单位招考招录等工作的延迟，也影响了应届毕业生的求职就业进度。从 2020 年 9 月的调查数据来看，毕业生的就业率较往年偏低，就业进度迟缓。截至2020年7月28日，江苏省普通高校的就业率为71.08%，达到了初次就业率70%的目标要求，但是明显低于2019年的初次就业率(86.9%)。根据智联招聘对全国381所高校大学生开展问卷调查，87.93%的大学生担忧自己的就业前景。

2020年，江苏面对严峻复杂的国内外环境特别是新冠肺炎疫情严重冲击，坚持稳中求进工作总基调，扎实推进“六稳”工作，全面落实“六保”任务，统筹疫情防控和经济社会发展取得显著成效。

三、江苏应对疫情冲击的发展成效

(一)经济数据稳中向好

江苏省在疫情得到有效控制并做好常态化疫情防控的前提下，大力推进复工、复产、复商、复市，出台稳增长系列政策措施，经济社会发展加速复苏回升。2020年一季度、上半年、前三季度及全年地区生产总值分别下降5.0%、增长0.9%、增长2.5%、增长3.7%，呈稳步回升态势。实物量指标增势良好，铁路公路水路航空四种运输方式综合货运量增长3.3%，3月份以来保持逐月回升态势；工业用电量增长1.6%，增速比上年加快0.3个百分点。

(二)市场主体活力持续激发

全年新增规模以上工业企业6 626家，新增企业拉动规模以上工业产值增长3.5个百分点。创新动力不断增强。全年净增高新技术企业超8 000家，总数超过32 000家，入库科技型中小企业40 294家，成为全国首个突破40 000家的省份。

(三)发展质效稳步提升

全年一般公共预算收入超过9 000亿元。2020年1～12月，江苏省规模以上工业企业实现利润总额7 365.3亿元，同比增长10.1%；全年减税降费超过2 500亿元，规模以上工业企业营业收入利润率达6%，比上年同期提高0.4个百分点。

（四）人才就业形势总体稳定

江苏省全年城镇新增就业132.8万人，占全国11.2%，总量位居全国前列。年末江苏全省城镇登记失业率为3.2%，比前三季度回落0.05个百分点。随着江苏省疫情得到有效控制，国家和地方相关部门及高校针对毕业生就业工作多管齐下，大学生增强了就业的信心，大学生群体就业得到了较好保障，疫情对大学生的就业市场也就尚未造成根本性的冲击。

四、江苏人才发展面临的新挑战

综合前面分析，江苏在应对新冠肺炎疫情冲击上取得显著成效，但覆巢之下岂有完卵。全球疫情大流行及美中全面战略竞争所带来的冲击和影响，不只是深刻颠覆和变革着世界形势，也为当前及未来很长时间里的江苏人才发展带来了一系列新的重大挑战。

（一）在中美科技脱钩背景下，江苏重点领域关键核心技术"卡脖子"问题面临新挑战

江苏13个先进制造业集群产业规模总量居于全国领先地位、整体技术创新水平位居全国前列，一批企业通过自主创新，研发出国内领先、达到国际先进水平的产品，但是核心技术依然是最大的"命门"，各产业领域关键技术"卡脖子"问题比较突出。在全球化发展为重要特征的当今世界，美国等西方国家却开始了对中国高端科技、核心设备和关键零配件等的全面打压，且越来越严重，亟须从短中长期采取策略突破困局。

以新材料产业领域为例，关键原材料及核心技术供给不足、"卡脖子"技术的短板非常明显。例如在信息显示、运载工具、能源动力、高档数控机床和机器人等领域的347种关键材料中，被国外禁运和实施出口管制的材料达到61种，依赖进口的有156种。集成电路所用的12英寸硅片、光刻胶、氟聚酰亚胺胶等近1 000种关键材料90%依赖进口。

以集成电路产业为例，江苏集成电路产业面临从集成电路设计、制造、封测到材料、装备等全产业链“卡脖子”。设计环节主要“卡”在电子设计自动化（EDA）工具和 IP 内核。其中，EDA 工具方面，三家美国公司几乎垄断了整个行业。各种微处理器、微控制器、数字信号处理器、图形处理器 IP 等主控内核的所有权几乎都控制在美国大公司手中。制造环节，江苏领先企业晶圆制造在 28 nm、14 nm 工艺技术严重落后于国际先进制程，10 nm 以及更为精确的工艺节点被 Intel、三星和台积电等美、日、韩及中国台湾等企业所垄断。封测环节的低温键合集成技术全面受制于美国，压缩成型分离膜、工艺过程检测设备、高端集成电路功能参数测试系统等封测材料和设备大多主要依赖美国和日本进口。从硅粉制造到高纯化学试剂等材料绝大部分原料均依赖日本进口，国内外技术差距至少 10 年以上。来自日本、美国、荷兰的五大厂商占江苏集成电路生产制造设备高达 92%的市场份额。

（二）在欧美贸易“去中国化”背景下，江苏制造业出口导向发展模式面临新的重大挑战

随着美中全面战略竞争持续发酵，以及欧洲全面冻结《中欧投资协议》，中国的出口、投资、贸易等面临更加严峻的国际形势。美国、欧洲作为中国两个最大的国际市场、技术提供国，一旦受限或丧失，很可能将使中国的对外出口贸易降低到加入 WTO 之前的水平。

江苏制造业对江苏 GDP 贡献超过 50%，占全国比重 14%左右，是中国制造业第一方阵的领跑者。当前，江苏制造业发展主要是加入全球价值链的出口导向发展模式，尤其是苏南地区深度嵌入由欧美日跨国企业主导的全球价值链，制造业发展很大部分是配合上海总部经济发展，采用国际代工为主的方式。当面向欧美的出口受到严重制约时，江苏制造业发展，特别是对于外贸依赖程度较高的苏南地区，将从出口导向模式向基于国内市场、以内需为主的方向进行转变和调整，这为江苏未来制造业的发展模式、发展方向、产业结

构等带来巨大的新的挑战。

(三)在美国“实体清单”等制裁下，江苏龙头科技企业如何破局脱困成为一个新的重大挑战

近年来，美国通过商务部“实体清单”等形式，对中国诸多龙头科技企业进行制裁，制裁措施主要是对这些企业采取关键技术、产品、重要零配件等出口管制，和在对其投资上进行限制。截至2020年12月，共有11个批次大约354家中国企业受到美国商务部制裁。除了美国商务部，美国国防部、财政部、能源部也有相应的“黑名单”。随着时间推移，这些企业被制裁的效果开始逐渐显现，在材料采购、产品生产、技术研发、市场销售、企业经营等方面遇到了一些困难。

江苏省有很多科技企业或单位也在美国“实体清单”制裁行列，在企业发展中也会受到同样的影响，遇到一些共性的问题。这些企业或单位一般处在江苏产业发展的关键领域和重要地位，对这些实体的科技创新、人才发展、企业运营和供应链配套等情况进行研究、评估，是江苏应对重大挑战的一项重要内容。例如，“国防七子”高校之一的南京理工大学，在2020年被列入实体清单，相关制裁措施在未来将大大限制和影响我国学生出国留学、教师出国深造和交流合作以及招引留学生回国和境外人才等诸多事项，对未来国防科技与高等教育的发展极其不利。对此，我们更应该逆流而上，加大对被制裁实体的财政支持和政策倾斜，通过实体做大做强、创新发展来打破美国制裁的企图。

(四)在全球疫情大流行下，国际人才政策限制为江苏人才引进和发展带来了新的重大挑战

在全球疫情大流行下，世界各国的人才流动和科技合作受到了严重限制。美国出台一系列法案和政策，不断加大与美国有关的科技人才的控制力度，例如对科研的干预限制科技人才在美国的流动和发展，对航空航天、机器和高科技制造等领域科技人才实行签证

管控，以及禁止其资助的研究人员与所谓敏感国家开展科技合作，禁止参与外国人才引进计划等，这对我国各省从境外引进顶尖人才制造了空前的困难。

近年来，江苏省充分利用对外开放和地方发展的优势条件，大力吸引海外人才来苏创新创业，有力支撑了“强富美高”新江苏建设。以外国人才为例，截至 2020 年 12 月 31 日，江苏省持有效工作许可证外国人才 23 963 人，约占全国 10.7%，居全国前列。其中外国高端人才 8 510 人，约占 35.5%，外国专业人才 15 453 人，约占 64.5%，人才层次较高；苏州、南京、无锡、常州、南通外国人才总量居全省前五。随着全球疫情大流行和美国人才政策的影响和限制，未来如何引进海外人才和促进科技合作，将是未来江苏人才发展需要考虑的重要问题。

第三章　百年变局下江苏人才发展对策

根据前面的趋势研判和问题分析，面向百年大变局下江苏人才发展，现研究提出以下对策建议。

一、深刻把握世界百年未有之大变局

（一）清醒研判国际竞争格局之新形势

环顾全球，当今世界正处在大发展、大变革、大调整时期，百年未有之大变局持续演进。新一轮产业革命蓄势待发，经济社会形态酝酿着新的变化，各类全球性风险挑战不断涌现，国际上的冲突动荡此起彼伏，世界竞争格局剧烈调整，全球地缘政治风险显著增加。近年来，中美贸易摩擦对我国经济、贸易、产业、科技与人才发展等诸多方面带来了巨大冲击。2020 年，突如其来的全球新冠肺炎疫情大流行更是加快了百年变局的演进，疫情蔓延、经济衰退、治理困境成为摆在人类社会面前的突出挑战，单边主义、保护主义、强权政治成为阻挠国际合作的主要障碍，世界进入动荡变革期，未来人才发展充满更多变数、不确定性和不稳定性。

（二）准确把握世界科技与产业变革趋势

世界正面临百年未有之大变局，人类正迎来科技文明前所未有的大发展。16 世纪以来，世界发生了多次科技革命，每一次都深刻影响了世界力量格局，科技实力决定着世界政治经济力量对比的变化。当前，新一轮科技革命和产业变革正在孕育兴起，全球科技创新呈现出新的发展态势和特征，物质结构、宇宙演化、生命起源、意识本质等基础科学领域正在或有望取得重大突破性进展，信息技术、生物技术、新材料技术、新能源技术广泛渗透，科技创新链条更加灵巧，技术更新和成果转化更加快捷，产业更新换代不断加快，创新战略竞争在综合国力竞争中的地位日益重要。

（三）主动掌控国内发展攻关期和关键期

放眼国内，我国经济正处在转变发展方式、优化经济结构、转换增长动力的攻关期，经济发展前景向好，但也面临着结构性、体制性、周期性问题相互交织所带来的困难和挑战，加上全球新冠肺炎疫情冲击，目前我国经济运行面临较大压力。未来，我国将聚焦经济社会稳定发展，致力于打通生产、分配、流通、消费各个环节，逐步形成以国内大循环为主体、国内国际双循环相互促进的新发展格局，培育新形势下参与国际合作和竞争新优势。

（四）沉着应对江苏新发展阶段面临的机遇和挑战

根据江苏“十四五”规划，当前和今后一个时期，江苏省发展仍然处于重要战略机遇期，但机遇和挑战都有新的发展变化。从挑战看，一方面，世界百年未有之大变局叠加新冠肺炎疫情全球大流行，触动国际政治、经济、科技、文化、安全格局深刻调整，世界经济深度衰退，不稳定性不确定性明显增加，江苏经济外向度高，国际环境变化带来的挑战更大。另一方面，我省自身发展不平衡不充分的问题仍然比较突出，重点领域关键环节改革任务还很艰巨，产业结构整体处于全球价值链中低端，科技和产业创新亟待突破，基础设施建设还有短板，生态环境治理任务繁重，城乡区域发展和收入分配仍有差距，这些深层次矛盾和问题必须加大力度、综合施策、系统解决。

与此同时，大变局大挑战中蕴藏重大机遇，机遇在于和平与发展仍是时代主题，经济全球化趋势不可逆转，人类已经进入互联互通新时代，科学技术正在加速迭代；机遇在于国家对推动创新突破、加快产业升级、构建新发展格局、构筑高质量发展新动力源等作出一系列重大战略安排；机遇在于我国已转向高质量发展阶段，经济长期向好，市场空间广阔，发展韧性强大，人民对美好生活的向往不断升级，良好发展前景吸引越来越多国际人才和优秀企业汇聚；机遇在于江苏在长期发展中积累了雄厚的经济实力、创新能力、产业竞争力、文化软实力，“一带一路”倡议的建设、长江经济带的发展、长三角区域一体化发展三大国家战略交汇叠加、深入实施，为未来发展打开了广阔空间。在全球疫情大流行下，我们要深刻认识错综复杂的国际环境带来的新矛盾新挑战，深刻认识新发展阶段的新特征新要求，深刻认识危与机并存、危中有机、危可转机，保持战略定力，把握发展规律，努力在危机中育先机、于变局中开新局，在“十四五”期间实现新发展、新突破。

二、学习贯彻新时代斗争精神和重要思想

（一）学习贯彻新时代斗争精神

发扬斗争精神，增强斗争本领，为实现“两个一百年”奋斗目标、实现中华民族伟大复兴的中国梦而顽强奋斗。这就需要我们一要明确斗争方向，凡是危害我国主权、安全、发展利益的各种风险挑战，凡是危害我国实现“两个一百年”奋斗目标、实现中华民族伟大复兴的各种风险挑战，都要坚强面对和坚决斗争。二要讲求斗争艺术，坚持增强忧患意识和保持战略定力相统一、坚持战略判断和战术决断相统一、坚持斗争过程和斗争实效相统一，增强斗争本领，召之即来，来之能战，战之必胜。三要注重策略方法，要抓主要矛盾、抓矛盾的主要方面，坚持有理有利有节，合理选择斗争方式、把握斗争火候，在原则问题上寸步不让，在策略问题上灵活机动，根据形势需要把握时、度、效，及时调整斗争策略，团结一切可以团结的力量，调动一切积极因素，在斗争中争取团结，在斗争中谋求合作，在斗争中争取共赢。

（二）学习贯彻新时代外交思想

国际社会是一个地球村，不应搞零和博弈。面对中美贸易摩擦，一方面，我们要顺应国际大势和发展潮流，倡扬人类命运共同体

理念，维护经济全球化和多边贸易体制，弱化意识形态对抗，加强国际合作和交流，走互利共赢、携手发展之路；另一方面，我们要树立正确的历史观、大局观、角色观，无论美方态度如何变化，中方都将坦然应对。中方不想打贸易摩擦，但也不怕打贸易摩擦，将继续采取有效举措坚决捍卫国家利益和人民利益。

（三）学习贯彻新时代创新思想

关键核心技术是要不来、买不来、讨不来的。自力更生是中华民族自立于世界民族之林的奋斗基点，自主创新是我们攀登世界科技高峰的必由之路。只有把关键核心技术掌握在自己手中，才能从根本上保障国家经济安全、国防安全和其他安全。这就需要我们一要实施创新驱动发展战略，在激烈的国际竞争中，惟创新者进，惟创新者强，惟创新者胜，坚持把创新摆在国家发展全局的核心位置，坚定不移走科技强国之路。二要实施科教兴国战略，教育兴则国家兴，教育强则国家强，始终把教育摆在优先发展的战略位置，不断扩大投入，努力发展基础教育、全民教育、终身教育，建设学习型社会。三要持续推进科技自主创新，超前谋划，下好先手棋，打好主动仗，要以关键共性技术、前沿引领技术、现代工程技术、颠覆性技术创新为突破口，敢于走前人没走过的路，努力实现关键核心技术自主可控，把创新主动权、发展主动权牢牢掌握在自己手中。

（四）学习贯彻新时代人才思想

人才是实现民族振兴、赢得国际竞争主动的战略资源。这就需要我们一要聚天下英才而用之，加快建设人才强国、创新之道，惟在得人，得人之要，必广其途以储之，在中美贸易摩擦背景下，要统筹各方力量，抓好海外引才安全保护防范有关工作。二要营造良好创新环境，加快形成有利于人才成长的培养机制、有利于人尽其才的使用机制、有利于竞相成长各展其能的激励机制、有利于各类人才脱颖而出的竞争机制，培植好人才成长的沃土，让人才根系更加发达，一茬接一茬茁壮成长。三要尊重人才成长规律，解决人才队伍结构性矛盾，构建完备的人才梯次结构，培养造就一大批具有国际水平的战略科技人才、科技领军人才、青年科技人才和创新团队，要加强人才投入，优化人才政策，营造有利于创新创业的政策环境，构建有效的引才用才机制，形成天下英才聚神州、万类霜天竞自由的创新局面。

三、有效应对未来人才发展的几个关键问题

中美贸易摩擦和疫情大流行，将会加速中美全面“脱钩”，并形成世界范围的“去中国化”，对中国的科技、产业、人才、经济、政治及社会发展产生一定的冲击。针对国内外形势的变化，目前国内由以前的外向型经济拉动国内循环的发展模式被倒逼形成“以国内循环为主、国际国内互促的双循环发展新格局”。在这个过程中，有大量问题需要加以研究和解决，其中下述几个关键问题的提出和解决显得更为迫切。

（一）关于评估研判全球疫情下美中脱钩的若干重要课题

在全球疫情大流行和中美贸易摩擦的背景下，美国等西方发达国家与中国开展科技脱钩、产业脱钩、金融脱钩、贸易脱钩的趋势格局逐渐形成。趋势如何发展、产生什么影响、如何应对危机，均需要全面深入地进行评估、研判和提出对策，本书限于各方面条件不足，不能展开，仅列出若干大题目。一是关于美中科技脱钩的评估与对策研究。科技脱钩的主要表现形式是美国通过“实体清单”等方式对中国科技企业、单位和个人进行制裁，当中国华为等企业无法从美国获取芯片、高端软件、高端装备设备、关键零配件、种子，甚至打火机垫片等产品，那么中国科技企业该如何生存、发展和参与国际竞争？二是关于美中金融脱钩的评估与对策研究。美国取消中国香港的自由贸易港的特殊地位，当香港不再是世界三大金融中心之一，对中国的深远影响到底将会如何？美国通过《外国公司问责法案》勒令所有中国在美上市企业全面退市并接受巨额罚款和赔偿，对中概股企业发展、国内股票金融系统等影响有多大？三是关于美中产业脱钩的评估与对策研究。当美国等西方国家将跨国企业龙

头和产业链撤离中国后，对中国的产业、科技、人才等巨大损失该如何进行弥补和应对？四是当美中贸易摩擦延续多年、前景未卜，欧洲冻结中欧投资协议，又添困局，中国对外开放战略如何在未来类似“新冷战”的国际危机形势下进行相应的深入调整和实施，中国“一带一路”倡议如何突破重围？

（二）关于“脱钩”下的人才就业问题

当美中“全面脱钩”趋势传导形成中国外贸减少、产业链外移、股票金融地震、科技企业受伤的情况下，企业倒闭潮、人才失业潮也就不可避免了。所以至少从以下几个方面着手应对：一是稳企业、保岗位，坚决破除不合理制度，大幅减税降费，减轻企业负担，营造良好营商环境，采取各种措施把企业稳下来、让市场主体活下来，通过“放管服”改革和市场化手段把企业激活起来。二是发展多元经济，逐步摒弃房地产这一绑架经济社会的毒瘤，大力发展实体经济、数字经济、民生经济，甚至地摊经济，尤其是吸纳大量就业的民生服务领域，恢复非常规就业活力，用市场这一无形的手来解决就业问题和经济问题。三是重点关注大学生群体，加大拓宽大学生就业渠道，扩大研究生招生规模，加强大学生就业辅助，开展职业技能培训，引导大学生向传统产业、欠发达地区、技能人才领域等就业，创新扶持办法，多种措施并举，实现大学生群体稳定就业。四是更好发挥政府作用，出台财税金融政策，给予企业更大金融支持，解决企业资金链周转困难、断裂问题，同时新增疫情民生补助，保障普通老百姓的最低生活需求。

（三）关于海外人才引进问题

随着美国等西方国家对中国海外引才、科技合作交流等活动的提防、限制甚至禁止，江苏海外引才策略也应大幅调整。

短期内，对海外引才工作注意事项有三点：一是保护海外人才，减少不必要的统计、宣传等工作，避免国外政府按图索骥打压中国海外人才项目和科技合作。二是遵守当地法律，尤其是遵守知识产权、商业秘密等法律，不给外国政府任何口实，同时海外人才对遭受不法或不公对待的行为，要坚决用当地法律来捍卫合法权益。三是更大力量引进海外人才，在中美贸易摩擦、科技战的关键时期，海外人才可能会遭受排挤、辞退或不公对待，江苏这个时候更应该伸出橄榄枝，提供有竞争力的平台、团队、发展空间和生活环境，招引一大批在美华裔科学家和留学生回国在苏创新创业、安居乐业。

中期内，随着国内形成以内循环为主的发展格局，江苏未来人才工作也应该未雨绸缪，做好“自力更生、艰苦奋斗”新常态准备。人才工作的战略调整应体现在“三个重要转向”上，分别是人才资源重点转向国内人才市场，人才梯队建设重点转向青年人才，人才工作体系重点转向人才高质量教育和培养上。

长期内，始终不变的策略是改革开放。人才体制机制改革上，关键在于改革教育管理体制，放开教育行业管制，让中国生成一个自由、开放、科学的教育生态，思想争鸣、人才蓬勃发展的教育土壤。在对外开放上，要在全球人类命运共同体的价值观念下，在现代文明和契约精神的框架下，不断提升中国核心竞争力，积极主动的参与国际合作和竞争。

第二篇

新时代江苏省
产才融合发展研究

第一章　国内外产才融合发展的理论和模式研究

一、产才融合的内涵和理论

产业是经济发展的重要引擎，人才是产业发展的重要资源，产业结构和人才结构作为区域经济发展的基础，是构建现代化经济体系的重要一环，二者之间的匹配度直接关系着现代化经济体系的构建。[①] 因此，必须认清产才融合发展在高质量发展中的重要意义，厘清产才融合的科学内涵及其特点，从而提高产业与人才的协调适配度，充分发挥协同发展所带来的正面效应，进而推动经济高质量发展。综合参考国内外典型理论和专家研究总结，对产才融合发展的理论内涵概述如下。

（一）产才融合的内涵

产业是生产力发展的外在表现，人才则是推动生产力发展的内在因素。产业发展和人才发展是相互依存、相互影响的关系，产业在一定区域的集聚会吸引人才向该区域集聚，而人才集聚又会推动人才资源向人才资本转变，使人才资本在运动中实现价值增值，进而促进产业集聚。[②] 现有国内外文献中，关于产业集聚方面的研究较多，而关于人才集聚与产业集聚融合发展的相关研究甚少，学术

---

① 参见沈映春、贾雨洁:《京津冀一体化过程中区域产业与人才结构协调适配度研究》,《税务与经济》2019 年第 4 期。

② 参见裴玲玲:《科技人才集聚与高技术产业发展的互动关系》,《科学学研究》2018 年第 5 期。

界对于产才融合发展也没有形成一致、准确的定义。因此，本课题从产业集聚、人才集聚的内涵出发，明确产才融合的概念内涵。

1.聚集经济理论

聚集经济是城市产生和发展的根本力量与主要原因，是城市经济的根本特性。早在1933年俄林就在其著作《地区和国度间的贸易》中就指出，聚集经济就是通过获取规模经济效益和范围经济效益来提升效率和降低成本，并将聚集经济划分为三类，即内部规模经济、区域化经济以及城市化经济。[①] 如表2-1-1所示。

表2-1-1　俄林的聚集经济理论分类

序号	聚集经济分类	内涵
1	内部规模经济	厂商通过产出因素的聚集而引起生产规模扩张所发生的经济效益，是生产要素聚集的最基本方式
2	区域化经济	聚集在某一区域的相同行业或相关产业链上的企业，通过产业功能的联系而产生的成本节约
3	城市化经济	城市整体区域生产的扩张而导致的成本节省，是城市活动多样化的主导因素

此后英国经济学家巴顿提出了有名的"聚集经济效应"理论，具体可以总结为以下几点：一是当地市场直接进行投资、生产、销售可在很大程度上节省成本；二是加快高层次专业化发展进程以更快获得规模效应；三是在区域上经济聚集有利于辅助性产业的形成；四是同类企业聚集有利于带来多方面优势，形成良性竞争效应，特别是在相关熟练劳动力的聚集上能够持续增大容量，不断带动提升经济效益；五是企业家聚集后，在人力资源、社会资源、资金资源等多方面都能产生效益优势；六是社交互动、思想碰撞、信息交互等交流形式更加便利；七是区域聚集对创造新技术、转移新技术、利用新技

① 参见俄林、逯宇铎：《地区和国度间的贸易》，华夏出版社2008年版，第32页。

术有明显的助推激励作用。[①]

2.产业集聚的内涵

产业集聚作为区域经济学的一个常见现象被人熟知，但是其所涉及学科却不仅限于经济学这一单独的学科，而是与管理学、地理学等学科息息相关，因此关于产业集聚的内涵在学术界仍未达成一致的口径。在区域经济学中研究中，学者多倾向于采用产业集聚的说法；在管理学中的研究中，产业集聚又习惯被称之为产业集群或企业集群等；而在地理学中则多用产业区或新产业区等概念来阐述产业集聚的内涵。

不过无论是产业集聚，还是产业集群或是新产业区等概念，其内部所蕴含的根本意义并未改变。因此，本课题将产业集聚表述为一种某种产业在地理上的集中，且在这个区域或产业内部各企业或机构之间均保持良好的互动，集聚所带来的优势正是基于这种互动所产生的。

3.人才集聚的内涵

国外关于人才集聚的研究开始的时间非常早，自 19 世纪起，国外学者们就纷纷开始探索人才集聚产生的背后原因。英国学者莱温斯坦在 1885 年的研究中称为了追求更好的生产条件，人才会流动，可见经济因素是人才流动的主要原因。希克斯在 1963 年研究中发现地区间的经济利益的差异会显著影响当地的人才流动，其中工资的影响力度最大。自 1987 年以后，随着西方学术界对人才集聚研究的不断深入，学者们的研究方向开始逐渐趋于一致。国内学者对人才集聚的研究更加具有针对性和适用性，大多数学者都是采用国外理论结合国内区域实际的方式开展研究，并且研究成果丰富。

本课题根据马歇尔人才集聚理论，即人才集聚研究不单纯是一个点的研究，而是面的问题。人才集聚必须能够与产业集聚以及人才环境等因素实现协调稳定发展才可以实现集聚优势。将人才集

---

① 参见梁兴辉、熊荡、姜明雪：《中国县级市聚集经济效应分析》，《地域研究与开发》2018 年第 1 期。

聚定义为由于受到社会、经济、制度、文化、心理等众多因素的影响，人才从各个不同行业或不同区域向某个特定的行业或区域流动、集聚的过程。人才集聚是人才流动的一种特殊现象，实质上是人力资本集中优化配置的一个过程。

4.产才融合的内涵

通过产业集聚和人才集聚的概念内涵可知，产业集聚和人才集聚密切相关，是相互影响、相互促进的关系。产业和人才作为中国经济实现高质量发展、现代化经济体系建设的重要一环，本课题将产才融合的内涵表达为以产业集聚和人才集聚为基础，提高产业发展与人才需求的协同度，聚焦产业需求打造高端人才队伍，优化人才结构反哺产业发展、促进产业转型升级，最终实现产才一体、良性互动、融合发展的格局。

（二）产才融合的内在互动机理

产才融合的内涵表明产才之间的协同关系非常重要，协同关系是两个系统间的一种良性的互动关系，而协同度评价则是衡量系统间互动关系优劣程度的重要手段，也是产才融合的重要外部特征。产业集聚和人才集聚是一种循环的互动关系，两者之间的融合表现出双螺旋的上升模式，如图 2-1-1 所示。

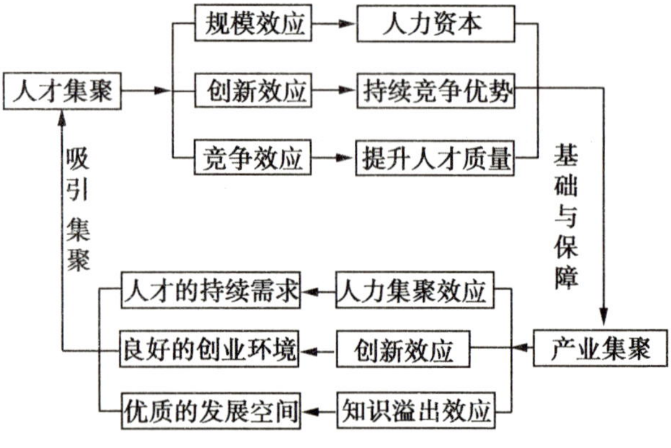

图 2-1-1　产业集聚与人才集聚的协同关系

1.产业集聚促进区域对人才吸引与集聚

随着人才的不断集聚，人才高地水平不断提升，使得区域内人才市场的外部经济性高于周边区域，吸引产业集聚并快速发展，从而对人才产生持续需求；为了竞争、吸引更多高层次、高新技术创新人才，该区域肯定会创造更好的生活、创业环境。高新技术产业不断发展壮大，人才间的知识、信息交流更加普遍，人才能够获得更好的创新发展空间，从而吸引更多的优秀人才集聚该区域，区域内人才环境、政策趋于完善，人才高地水平不断提高。[①] 以此循环往复，良性循环。

2.人才集聚是产业发展的基础与保障

区域内在人才集聚过程中，人才数量的增多、质量的提高，人才环境和政策的完善都使得人力资本水平不断提高。人才的相互交流让隐性知识传播变得容易，从而激发创新效应，为区域内高新技术产业持续创新创造持续竞争优势。人才的主观能动性带动自身不断学习以更新知识储备、提升技能水平，为高新技术产业发展提供基础与保障。

二、美、德、日产才融合发展模式

根据沙勇《江苏现代化经济体系构建与产才融合发展研究报告》研究总结，在不同生产力发展水平、文化历史传统、意识形态取向、社会政治制度、经济制度的影响下，人才发展与产业经济深度融合具有不同的特点和模式。[②] 在当前现代化经济体系下，国外有三种产才融合发展模式可供借鉴：美国模式、德国模式、日本模式。

（一）美国产才融合的发展模式

以美国为代表并延伸至英国、澳大利亚、爱尔兰等国家的现代

---

① 参见郭佳、王立杰、汪文生：《高技术产业成长与科研人才的关系研究》，《科技管理研究》2015 年第 10 期。

② 参见沙勇：《江苏现代化经济体系构建与产才融合发展研究》，南京邮电大学课题研究报告，2019 年 9 月 23 日。

经济体系发展模式被称为美国模式，或盎格鲁-撒克逊模式、市场导向资本主义模式、新自由主义模式及自由资本主义模式。该模式起源于英国兴盛于美国，奉行全面私有化、市场化与竞争最大化、国家最小化。“华盛顿共识”标榜此模式具有“普适价值”，并向世界其他国家尤其是第三世界国家大力推广。作为世界上目前影响甚广的现代经济体系发展模式之一，它区别于其他发展模式的重要标志是遵循自由主义，故学者将其市场经济模式界定为“自由主义市场经济”。美国人才与产业的融合模式为美国现代经济体系发展的基础。

美国模式自18世纪首先在英国形成后，依次经历了古典自由主义、凯恩斯主义和新自由主义三个标志性阶段，经济政策变迁轨迹为从最初自由放任的市场经济到有计划、有调节的市场经济再到自由市场经济。20世纪70年代末80年代初，英国首相撒切尔夫人和美国总统里根共同发起了一场经济政策领域的新保守主义革命，分别推行“撒切尔主义”和“里根经济学”，将该模式推向新自由主义发展阶段。在资本主义由工业社会向后工业社会转变过程中，其最新形态“新美国模式”悄然兴起与迅速扩张，影响领域涉及经济、政治、社会、军事、外交和文化等诸多层面。最终，形成以“华盛顿共识”为标榜的“自由主义市场经济”体系。20世纪中叶以来，得益于丰富的自然资源、雄厚的经济实力及全球化进程的不断深入，盎格鲁-撒克逊模式在发展活力和发展效率上表现突出，堪称自由市场经济模式的典范。它遵循平等竞争原则，充分地调动各经济主体的主动性和创造性，建立适合市场经济运行的企业制度，培育发达的商品市场和要素市场，最大限度地发挥市场调节功能，形成比较完善的市场机制和市场体系，注重科技、制度和管理创新，并以特有的实用主义精神和灵活应变能力，迅速参与、融入、引领经济全球化。

美国是一个移民国家，因此美国在产业发展过程中一直十分重视移民人才与产业发展的深度对接、融合。美国在培养本国人才的基础上，一直把争夺世界各国优秀人才，尤其是高科技人才作为一项国家战略，抓住各种机会争夺、留住、用好高科技移民人才。美国结合自身产业发展需要，尤其是高新技术产业和创新性产业的发展，通过放宽移民政策限制，增加签证名额等措施，为外国优秀人才赴美定居工作创造条件，其移民法还将引进专业技术人才作为重中之重。以此从别国引进大批高技术人才，弥补高科技和创新型人才缺口，促进产业发展与人才集聚的深度融合。

美国在推动人才创新与产业发展深度融合的过程中，首先需要处理好政府和市场的关系，让企业真正成为引才育才的主体。美国企业尤其是大企业为移民人才提供了广阔的创业机会。美国大企业多，其中跨国公司业务遍及全球，很多企业设有研发机构，企业为技术移民、投资移民和留学生提供了广阔的创新创业机会。同时，移民人才也为美国企业发展做出了贡献，两者之间实现了良性互动。此外，美国作为市场经济十分发达的国家，强大的经济实力和对优秀人才的优厚待遇无疑会吸引众多的国外高科技人才。美国社会福利相对比较完善，移民人才生活后顾之忧较少，加上较多的工作机会，使众多外国人移居美国。在人才日益国际化的今天，全世界高科技人才向美国的流动，进一步促进了美国高科技产业与人才的融合发展。美国产才融合的发展模式主要内容包括：

其一，推崇市场最大化与政府最小化，为产才融合提供良好的外部环境。此模式要求政府削减赋税与放松管制，信奉尽量减少政府干预的市场机制能够自动调节资源配置和经济活动，从而有利于产业间公平竞争和人才自由流动，利用市场机制深化产才融合的优胜劣汰，从而实现经济均衡发展。政府不注重发挥其具体功能，而是依据总供给与总需求的变动情况，一般通过财政政策和货币政策来调节市场参数及间接引导产业发展，由此达到政府间接管理和宏观调控的目的，进而由市场环境决定需要培育、发展的产业，并为产业人才的流动提供良好的外部环境。

其二，产才深度融合是自由市场经济体系发展的基础。在产才融合的基础上，将持续推行企业自由组建、市场自由进入、经营自主决策、价格自由确定的企业制度。作为现代经济体系行为主体，各产业微观主体的组织形式（企业以股份公司制、合伙经营制、单人业主制）独立自主地参与经济活动，其经济行为（生产、经营、销售和分配等）基本不受非市场因素的制约，而是依据市场价格信号自行协调，其参与过程凸显企业决策高度分散化、企业高度商品化和利润最大化。从产业结构和产业关系上看，大量的中、小型企业以自身的灵活性大和适应性强等优势在从属和补充地位上发挥了各自不可替代的作用，使产业和人才形成一个相互协同、相互竞争的有序格局，成为自由市场经济体系发展的基础。

其三，市场经济体系自由和平等竞争是实现产才深度融合的基本原则。政府通过制定一系列法令、法规、政策和措施，制止、制裁一些妨碍公平竞争的不良商业活动，限制封锁市场、垄断价格等各种垄断行为，诱导和维护现代市场经济体系正常有序运作，支持、保护各产业发展和人才流动的合法市场活动与合法竞争行为。

其四，现代市场经济体系高度发达支撑产才融合的国际化。在高度发达的现代生产基础之上，建立了一个各种不同市场（包括产品市场、劳动市场、金融市场、信息市场和房地产市场等）之间相互依存、相互制约的统一运行体系。这是一个具备健全法律制度的比较完善的市场体系，并以自身固有优势很快融入以市场化和自由化为特点的经济全球化进程，不断提高经济国际化程度，以强大的市场优势吸引国外高科技人才向美国流动，实现美国产业需求与国际人才的深度对接。另外，美国随经济形势的改变不断进行战略调整，通过企业的兼并重组，培育了一批具有国际竞争优势的世界巨型企业，为国际人才提供更为广阔的职业发展和晋升空间，以及大量的创新创业机会，从而促进美国产才深度融合的国际化。

（二）德国产才融合的发展模式

德国现代化经济发展模式也可以称为莱茵模式，是以德国为代表，遍布于莱茵河流域的一些欧洲大陆国家（包括奥地利、法国、荷兰等国）以及北欧国家（包括瑞典、挪威等国）的现代经济体系发展模式。第二次世界大战后，德国等欧洲大陆国家选择了“社会市场经济之父”路德维希·艾哈德倡导的社会市场经济模式，开始重建国家政权和恢复经济社会发展，并依托于此实现战后经济迅速复兴和腾飞。此模式实行以私有制为基础的多种所有制并存的经济制度，综合运用民主社会主义、经济自由主义等多种发展理论和政策主张，倡导必要的政府干预和社会限制，崇尚公平有序的市场竞争与公正和谐的福利社会，其市场经济模式被学术界称为“社会市场经济”。德国现代经济发展模式的基本内涵是在国家和法律的规制下，坚持市场自由竞争与国家适当干预相结合，走一条以“自由市场经济”为基础并与“中央集权经济”相结合的“中间道路”，旨在促进宏观经济协调稳定运行与保障、维护社会公正平等，从而形成不同于其他资本主义国家的发展模式。

德国产才融合主要依托于教育与产业紧密结合，同时还依靠优越的社会福利体系吸引部分国外高科技人才。德国人才发展与产业深度融合的一大特点在于教育与产业的紧密结合。职业教育确保产业对人才的定量和定性需求得到满足。欧洲十分重视职业技能的培训，职业教育非常发达，其中“双元制大学”经过四十多年的探索已取得了一定的成效。

“双元制大学”是两个施教主体和两个管理机构分别进行而又相互融合的一种教育模式。一元是职业学校，其主要职能是传授与职业有关的专业知识；另一元是企业或公共事业单位等校外实训场所，其主要职能是让学生在企业里接受职业技能方面的专业培训。

“双元制”强调产业根植于教育领域，强调二者紧紧融为一体，是企业与高校深度合作、共同发挥作用的一种极富独特魅力的教育模式。通过“双元制”教育模式，接受培训的人员可以将理论与实践结合起来。在企业中可以提前熟悉内部的分工、运行机制等，为以后的工作打下基础；在工厂中可以接触到最新的机器和技术设备，运用在职业学校中所习得的知识，真正做到学以致用。在德国，“双元制”教育模式深得学生和就业单位的认可，促进了产业和人才的深度融合。德国产才融合的发展模式的主要内容包括：

其一，社会市场经济作为德国现代经济体系发展模式内核，为“双元制”产才融合发展提供理念指导。德国经济发展模式强调“社会的市场经济”而非西方古典式的“非社会的市场经济”。前者不仅保留了传统资本主义市场经济的社会机能和竞争活力，也汲取了社会主义共同富裕、公正公平等积极因素；后者则从“市场本位主义”出发，倡导放松国家管制的自由放任的市场经济。“双元制”产才融合正是借助于“社会的市场经济”中社会主义共同富裕、公平公正思想的指导，使企业与教育机构之间形成一种平等互助的“双元制”产才融合模式。

其二，社会市场经济的核心内容“自由竞争”是产才深度融合内在驱动力。社会市场经济认为，竞争是产业发展、人才集聚、技术进步和经济发展的内在驱动力，产才深度融合只有在“充分竞争”的市场秩序中才能实现高效和公正。更重要的是，为确保自由竞争机制的正常运行，德国等国反对市场形成大的垄断组织而破坏公平、完全的竞争，积极采取各种措施防止、制止垄断行为和强制行为，纠正市场的扶强抑弱与配置失灵，努力营造一个适合竞争发展的规范有力的秩序环境，从而驱动新兴产业发展和人才创新创业。一方面，它们建立了较为健全的法律保障体系，制定了完备的关于一般竞争秩序和保护竞争秩序的法律，如《反对不正当竞争法》《反对限制竞争法》等；另一方面，在劳资合作的“共同决策制”下，劳资双方通过各自组织就经济社会问题进行对话，共同参与企业的生产活动和管理事务，有效减少企业高端人才流失。这种稳定的“社会伙伴关系”使人才职业规划与企业发展目标达成一致、使全社会的经济权利和经济利益体系实现平衡，由此驱动产业与人才之间实现深度融合。

其三，注重社会公正平等，构建较为完善的社会保障体系，为人才创新创业和新兴产业发展提供制度保障。实行此模式的国家将社会保险制度根植于有利于发挥市场作用与缩小贫富差距等原则之上，长期致力于社会保障体系的发展和改革，日趋衍生出一张以社会保险为主干，涉及社会赡养和赔偿、社会补贴及社会救济等包罗万象的社会福利网络，几乎惠及所有的公民和涉及各种风险领域。社会保障体系，为人才创新创业和新兴产业发展提供了制度保障，能够有效降低人才创新创业和新兴产业失败面临的社会风险。例如德国社保覆盖面广，保障程度高，法定养老、医疗涵盖了从业及总人口的 90%；[①]最为关键的分支首推五大保险和社会救济，其支出占了福利总支出 69.6%，占国内生产总值的 23.9%。[②]

其四，产才深度融合支撑银行发挥高度独立性和权威性。在德国银行主导的金融体制中，政府主要负责拟定马克固定比率和资本市场的法律法规，不能指挥和干预中央银行或德意志联邦银行的具体运作。联邦银行依据政府宏观经济政策自主制定独立的货币金融政策，独立享有货币发行权，负有保持币值稳定及利用货币工具解决通货膨胀、物价上涨等问题的重大责任；且作为企业融资主渠道的银行与企业之间培育了稳固紧密的合作关系，银行与大型工业企业的交叉参股形成了工业和金融一体化格局，银行在一定程度上扮演着金融市场和股票市场的角色。

（三）日本产才融合发展模式

日本模式是二战后日本作为资本主义后进国以政府干预为主要手段，通过采取一系列超常规政策及“吸收型技术革新”战略，快速实现赶超世界先进国家的发展模式。它通常被称为“亚洲资本主义模式”“资本主义政府计划干预模式”或“政府导向资本主义模式”。面对二战失败的危机，日本在美国扶持下，以打破常规的改革思路指引战略调整和政策变迁，利用“追赶型现代化”模式实现经济高速增长，完成经济社会的重建，并迅速超欧赶美发展成为世界第二经济大国。日本现代经济发展模式主要基于美国资本主义民主化改革、苏联计划经济与日本战时统制经济的经验教训，日本将国家置于权威和主导地位，推崇有控制的竞争和集团主义。因此，日

① 参见沈云琐、陈先奎：《中国模式论》，人民出版社 2007 年版，第 28 页。

② 参见丁纯：《德国社会保障体制的现状与改革》，《国际经济评论》2000 年第 2 期。

本立足于具体国情与世情，构建了体现“权威主义”和“国家主义”的政府主导型市场经济，进而在资本主义条件下最大限度地发挥了政府干预功能。日本将政府干预与市场机制有效结合，制定独特的宏观经济计划、产业政策和金融统制政策，通过贸易立国推行吸收型技术革新战略，在短期内实现“高度现代化”并跻身于世界先进工业国行列，形成了政府、企业、劳动者共同协作的独具日本特色的发展模式。

日本人才发展与产业深度融合的重要经验在于人才战略与产业发展互动发展。在经济和产业发展的不同阶段，要有不同的人才战略，这样才能促进产业的更好发展。二战后到现在，日本的人才战略进行了多次调整，其目的就是为了配合产业发展的需要。日本人才战略的制定具有务实性和前瞻性，为产业发展服务，根据形势变化不断调整，并在法律和制度上加以规范。20 世纪 80 年代，日本要保持世界领先地位，因此要更加注重培养有个性和创造性的科技人才。20 世纪 90 年代，为了在科研水平上能够与西方发达国家抗衡，日本注重提高国家科研水平，日本大学扩招了博士与博士后。21 世纪以来，由于日本发展高新技术产业的需要，日本政府开始调整其人才培养战略，重点培养具有创造性和国际化视野的人才，提升产业竞争力，保障产业持续稳定发展。[①] 其主要内容包括：

其一，推崇“市场失败论”，将政府对资本主义市场经济干预范围和力度最大化，着力构建“政府主导型”的宏观调控体系，能够指导国家产业的发展方向和人才培育的重点，从而促进产才深度融合。日本以凸显协商、诱导和劝告的“行政指导”使政府、企业、劳动者之间形成共同协作的社会结构。政府通过强有力的经济计划和产业政策主导资源配置。经济计划具有指导性而没有强制性，并随发展阶段的变化进行连续性调整，始终将经济发展和提高人民生活水平相结合。追赶型现代化的产业政策是日本政府宏观调控的主

① 参见李富：《人才战略与产业发展的协调性——来自日本的经验》，《南昌师范学院学报》2014 年第 4 期。

要目标。日本以欧美先进工业国的先进技术及依托于此的产业结构为蓝本，通过法律化的金融统制政策（统制外汇和统制金融低利率）和必要的行政指导等各种手段，有计划、有步骤地推进产业结构高度化和国际化，大大加速了工业化进程和人才引进、培育。

其二，超越引进技术是"爬行主义"的传统理念，开创以引进为主导的技术革新战略和人才培养战略。战后的日本在反复实践与摸索中，一直致力于模仿和吸收从国外引进的先进技术成果，并在产业化应用中实行改良和创新，形成"引进—吸收—试制—自主创新"的配套机制，以推动本国经济实现跨越式发展。同时，结合技术引进需求制定具有务实性和前瞻性的国内人才培养战略，为产业发展服务，以保障产业发展所需要的人才稳定供给。

其三，基于国内产才深度结合，推行"贸易立国"与出口导向的发展战略。战后初期，日本在充分发挥本国产业与人才深度融合的基础上，摈弃主张优先开发国内资源的"开发主义"，而是根据静态的比较优势原理或传统的国际贸易理论，将"贸易立国"作为基本国策，推行以扩大出口为主要途径，通过大量的人才培育为产业发展提供充足的人力资源，实现以大规模引进先进技术和设备为目的现代化战略。

其四，战后日本形成少数企业集团控制一批中小企业的"垂直型"企业群体结构，并将国外先进经营理念与日本传统经营理念相结合，建立了凸显"平等主义""集体主义"和"家族主义"的企业经营管理体制，其独特的"终身雇佣制""年功序列制"和"企业工会制"是激发企业活力和维系劳资和谐关系的关键因素。另外，高度组织化的主银行制度和企业制度使银行与企业之间形成相互依赖的稳固关系，银行不仅是企业的主要融资渠道，还可以发行公司债权、结算账户和参与经营，甚至可以持有股份，以股东身份行使控制权和监督权。

第二章 江苏产才融合发展的新时代特征与趋势

一、新形势下国内人才发展的趋势特点

近年来，随着世界经济态势不断变迁、科技发展趋势逐步变革、国际竞争格局深刻变化，国内人才发展也同样面临新形势，其主要表现在以下五个方面。

（一）人才引进遭遇中美贸易摩擦的深刻影响

国内历来重视海外人才引进，通过实施诸多人才计划或项目吸引海外高层次科技人才回国创新创业。随着中美贸易摩擦爆发和升级，美国众议院 2018 年通过的《国防授权法案》（NDAA）中的一项修正案，将允许国防部终止向参与中国、伊朗、朝鲜或俄罗斯的人才计划的个人提供资金和其他奖励，以此来限制中国对海外高层次科技人才的引进和科技合作，为国内高层次科技人才队伍建设增加了巨大变数和影响。研判未来形势，中美贸易摩擦将从短期、长期两个层面对我国高层次科技人才队伍建设造成重大影响，进而对中国的人才、企业、科技、产业产生较大限制，制约了“中国制造 2025”的顺利实施和 2049 年成为全球领先科技强国目标的顺利实现。

（二）人才争夺已成为中心城市的区域性竞争

人才是当下最为紧缺的资源，近年来国际人才竞争日趋激烈，围绕存量高端人才的争夺愈演愈烈。国内各省市紧跟国际人才流动大势，采取更具吸引力的政策措施，纷纷释放出“引才大招”，面向

海内广招人才。2015 年以来,上海先后发布“科创 22 条”“人才 20 条”和“人才 30 条”,三次升级人才发展体制机制,并配套一系列政策和操作细则,打响招才引智持久战。2017 年,武汉招才局正式成立,将招才引智列为“一把手工程”,并推出“双百万”计划,即 5 年内,百万大学生留汉创业就业、百万校友资智回汉。2016 年,深圳出台《关于促进人才优先发展的若干措施》,实行更具竞争力的高精尖人才培养引进政策。2018 年,广东颁布《广东省人才发展条例》,强化促进人才发展的地方法规保障。在此竞争环境下,部分先行城市的人才举措开始见成效。例如,广东省率先采取创新创业团队引进计划,2016 年引进 117 个团队和 89 名领军人才,直接带动 250 个团队、3 万名国际人才赴粤创新创业,以才引才、以团队聚才的“滚雪球”效应越来越明显。

(三)人才竞争已成为人才生态圈的全面竞争

当前,人才的竞争加速转向系统化、全面化,从拼薪酬待遇、物质条件上升为包含体制机制、人文环境的综合竞争。国内外对人才的竞争,不再是一个单位、一个平台点对点的竞争,而是区域间面与面的全方位“人才生态圈”的竞争。广东、深圳、宁波、厦门等省市分别出台了专门的人才优先发展意见,对高层次科技人才既有高薪待遇,又有平台载体支撑,更有灵活机制、良好环境和一站式服务,正在形成区域性系统化的人才全面竞争优势。例如,安徽、四川等省构建“环高校知识经济圈”,打造开放式众创空间和科技资源共享系统,并提供政府财政补贴。上海推广“人才实验室经济”服务模式,组织人才团队承接重点企业技术研发、产品创新等服务外包业务。湖北围绕人才聚焦区兴建创新创业超市,并推出大企业人才溢出支持计划、民间工艺技能传承人创业扶持计划、青年大学生创业计划等多领域的创业系列计划。

(四)创新平台载体已成为聚集人才的新“杀手锏”

随着国家创新驱动发展战略深入实施,产学研协同创新的形式和机构不断演变,一大批技术创新中心、产业技术研究院、国家重点实验室等机构纷纷诞生，成为国内创新创业的生力军，“西湖大学”“达摩研究院”等各类新型创新平台载体吸引集聚高层次人才的优势越发凸显。高层次人才围绕创新平台载体扎堆的马太效应日益显现，人才分布加速呈现集聚化特点。在湖北，华中科技大学仅凭一个机械科学与工程学科，就聚集了 6 名两院院士、11 名长江学者和 6 名国家杰青。在青岛，中国海洋大学、科研院所叠加打造的国家级大平台——青岛海洋科学技术国家实验室，集聚了 17 名两院院士，集中了全国 40%以上海洋科学领域高端人才。2016 年广东省引导企业牵头组建 124 家新型研发机构，凭借市场化的运行机制和人才激励制度，短短数年就引进了科研创新团队 23 个，集聚了中高级创新人才 6 000 多人。浙江之江实验室聚焦网络信息技术前沿，一年之内聚集了 18 名国内院士；深圳鹏城实验室总投资达 135 亿元，预计建成后将吸引 2 万名科研人员；上海张江实验室，建设大科学装置集群，招募全球顶尖科学家加盟

（五）人才政策的趋向更加创新、灵活、开放、包容

中央提出要深化人才发展体制机制改革，“纠正人才管理中存在的行政化、‘官本位’倾向”。南方发达地区积极推进人才体制机制创新工作。例如在编制问题上，广东、河北、安徽等省设编制“蓄水池”以破解“引才无编”困境，浙江省招聘特殊人才改审批制为备案制，逐步探索高校、公立医院不再纳入编制管理。江苏省创新人才评价机制，对于创业类和企业创新类双创人才，注重将其本人出资金额、企业所付薪酬，以及创造的市场价值、获得的政府和社会资本支持等作为重要衡量指标。再比如珠三角部分地市，深圳市对高层次科技人才选拔不拘一格，建立青年人才举荐制度，组建青年人才举荐委员会，推荐认定高层次人才；中山市出台了“1＋30”人才政策体系，其核心指向进一步打破引才、育才和用才的身份障碍和体制藩篱；广州市正努力摆脱以行政力量主导、以财政投入为主的“路径依赖”，运用市场化、法治化与国际化的思维和方式推进人才工作。

二、当前产才融合发展的时代规律特征

产才融合发展，是产业和人才两者之间辩证关系的直接反映，是产业集聚和人才集聚发展到一定阶段的具体体现。产业、人才犹如车之两轮、鸟之双翼，人才集聚和产业集群往往相伴而生、互相促进、互动发展，只有产才融合，方能行远飞高。当前，产业集聚与人才集聚的互动和融合发展成为衡量一个区域核心竞争力的重要标志，也成为推动经济转型升级的有效途径。面对新时代、新要求，当前产才融合发展显露出新特征、新趋势。

(一)科学把握产才融合的规律特征

产才融合发展既要符合产业发展规律，也要遵循人才成长规律，又具备自己独特的规律特征。

一是产才融合具有时代性。产才融合是时代发展的产物，工业经济时代和传统产业，更多的是产业集聚人才，知识经济时代和未来产业，更多的是人才引领产业。在工业经济时代向知识经济时代迈进的大背景下，唯有人才与产业相互依存、相互促进，才能把创新资源激活起来，把产业层次提升起来。

二是产才融合具有阶段性。产才融合具有鲜明的阶段性特征，经济社会发展的不同阶段，决定了产才融合发展的不同模式。目前，江苏省总体上处于工业化中后期，由高速增长阶段向高质量发展阶段转变。苏南、苏中、苏北发展水平不一样，工业化程度呈现梯度分布。因此，产才融合发展要紧扣阶段性特征，因地制宜、分类施策，先发地区实现引领带动，后发地区实现弯道超车。

三是产才融合具有系统性。现代产业发展已经从单体项目竞争转向产业体系对抗，从偏重先进制造业转向先进制造业与现代服务业并重；人才发展从专门人才转向跨界人才，从单兵作战转向团队协作。产才融合发展须坚持系统化思维，整体推进产业集群和人才集聚，着力构建实体经济、科技创新、现代金融、人力资源协同发展的现代产业体系。

（二）深刻揭示产才融合的发展趋势

着眼于推动高质量发展走在前列、建设“强富美高”新江苏，江苏省须准确把握科技变革的时与势，自觉遵循产业发展的道与本，以产才融合推动江苏实现创新性、探索性、引领性发展。

其一，产才融合发展是产业高地形成的基本规律。从世界产业发展来看，第一次工业革命开创了“蒸汽时代”，实现了机器代替手工操作；第二次工业革命进入了“电气时代”，电气化推动了社会化生产；第三次工业革命迈入了“信息时代”，以原子能、空间技术、生物工程，特别是计算机信息技术为主要标志，加速推动了现代产业发展。当前，正在孕育发展以石墨烯、基因、量子信息、人工智能为技术突破口的第四次工业革命。每一次工业革命，都是人才、创新和产业联动作用的过程，进而引起人类社会经济、政治、文化乃至生活方式深层次、全方位变革。从江苏经济发展“三次转型”来看，产才融合推动发展的规律性特征和趋势越来越明显。第一次是农转工，20 世纪 80 年代，通过实施“星期天工程师”，从上海引进人才，到我省指导企业、辅导技术，促进江苏乡镇企业异军突起，实现了经济由农到工的转变。第二次是内转外，90 年代，开始兴办开发园区，注重吸引外资，通过附着在资本之上的技术、人才、管理等创新要素，推动江苏开放型经济迅猛发展，实现了由内而外的转变。第三次是量转质，推进人才强省战略，坚定走创新驱动发展、人才引领创新之路，开启了江苏高质量发展的新征程。

其二，产才融合发展是构建现代产业体系的必然要求。加快构建自主可控的现代产业体系，是当前江苏推动高质量发展走在前列重中之重的任务。总体上看，江苏是制造业大省，但不是制造业强省，基础研究和原始创新能力较弱，主导产业的创新支撑力不强，不少领域关键核心技术还受制于人。根据调研，江苏省 13 个先进制造业集群中，有 126 项“卡脖子”技术亟待攻关突破。尤其是，当前中美贸易摩擦不断升级，全球经济发展不确定性因素明显增加，江苏省产业发展面临的挑战前所未有。因此，江苏要更加重视关注底层、内核、支撑性的基础学科理论，争取更多重大科技基础设施和国家科技专项及其背后的领军人才落户江苏；要突破关键核心技术的国际封锁，实现“卡脖子”技术的自主可控，推动江苏制造向江苏创造、江苏速度向江苏质量、江苏产品向江苏品牌转变；要以更广的胸怀、更宽的眼界、更大的决心，加快推进产才融合发展，实现产业结构调整、发展动能转换、经济效益提升。

其三，产才融合发展是实现人才价值的有效路径。十九大报告指出，人才是实现民族振兴、赢得国际竞争主动的战略资源。实行更加积极、更加开放、更加有效的人才政策，让各类人才的创造活力竞相迸发、聪明才智充分涌流。当前，我国劳动从业人员超过 7 亿，其中各类知识和技能人才超过 1.75 亿，雄厚的人才资源只有投入到经济社会发展中去，才会转化为可观的经济社会价值，也才能真正体现和发挥其人才价值。产业是培养人才的现实基础、使用人才的重要载体、识别人才的便捷“试剂”、成就人才的关键平台。推进产才融合发展，是广大人才特别是科技人才彰显作为、实现价值的空间和舞台。硅谷作为美国高科技人才的集中地，是高科技人才实现价值、成就梦想的舞台，聚集着世界各国的科技人员 100 万以上，带动了软件、移动通信等产业的迅猛发展，造就了电子工业和计算机王国；伦敦生物医药产业集群作为世界最著名的生物医药集聚区，其发展离不开牛津、剑桥两所世界著名大学培养输送大量的生物医药人才，各类人才在产业集聚发展中尽展所长、尽展所能，产业与人才在融合中实现了同频共振、共同发展。

第三章　江苏产才融合发展的主要成效与问题

一、江苏产才融合发展的主要成效

产才融合是江苏高质量发展的一个鲜明特征。近年来，江苏省各地推进人才链与产业链、创新链深度融合，形成了人才工作的“地标性品牌”，增创了产业发展的独特优势。

（一）构建人才资源优势，支撑区域创新发展

江苏人才总体规模全国领先。2018 年初，全省人才资源总量达 1 232.8 万人，其中专业技术人才和高技能人才总量分别达到 717.6 万人和 358.2 万人。研发人员居全国首位，占全国的比重达 13%；每万人研发人员数达 87.7 人，人才密度紧追北京、天津、上海、浙江，居全国第五。全省研发人员 84%来自产业部门，其中规模以上工业企业研发人员数达 57 万人，数量居全国首位。全省高校自 2010 年以来，70%的新增专业与新兴产业有关，省高校优势学科建设工程一期立项的学科，覆盖了江苏几乎所有战略性新兴产业领域。人才队伍建设和持续有力的研发投入，为实施创新驱动发展战略和产业集群快速健康发展提供了强有力的支撑，区域创新体系整体效能不断增强，2018 年全省科技进步贡献率达 63%，科技进步对经济增长和社会发展的支撑引领作用进一步增强，江苏主要发展指标在全国的份额举足轻重。

（二）坚持科学规划引领，产才融合格局基本形成

人才、科技、产业等部门加强联动，坚持规划政策同步谋划、同

步部署、同步落实。在制定“十三五”人才发展规划的基础上，同步编制30多个产业人才发展专项规划，着力构建“一行业领域一人才规划”的工作格局。围绕智能制造、生物医药、物联网等战略性新兴产业，同步绘制产业地图和高层次人才地图，找准产业与人才融合发展的方位方向。与规划体系相呼应，注重人才政策与产业政策配套衔接，“人才26条”“人才10条”“科技40条”“科技改革30条”等政策文件把服务产业发展作为主攻方向，开发区条例、先进制造业集群意见等文件，把人才创新资源作为支撑力量，逐步实现人才发展与产业发展同向发力、同频共振。

（三）突出工程项目牵引，产才融合动能加速集聚

人才工程聚焦产业、产业项目集聚人才，产业发展中的人才贡献率和人才发展中的产业集聚度同步提升。省“双创计划”实施以来，始终聚焦重点产业、重点园区、重点企业，引进的人才和人才企业90%以上均分布在新兴产业领域，“双创计划”人才累计创办企业1 410家，人才企业存活率和运行质态良好率均在75%左右。重大科技成果转化专项实施以来，累计对接引进科技创新项目近2 000个，转化了一大批关键核心技术成果。各地各类重点产业项目，也坚持把人才、科技作为第一权重，以创新资源集聚推动产业提升，取得了良好效果。

（四）深化体制机制改革，产才融合活力不断释放

破除束缚产才融合发展的制度障碍，让才“出得来”，让产“对得上”。一方面，赋予用人主体和人才更多的科研决策自主权、成果转移转化权、收益分配决定权，广大人才的创新创造活力持续迸发。江苏产业技术研究院探索实施“一所两制”、项目经理、股权激励等市场化改革举措，五年建成专业研究所49家，转移转化科技成果3 500多项，衍生孵化企业720多家。另一方面，推行园区大部门制改革，推进“双招双引”，完善“一站式”综合服务平台，以高效灵活的体制机制增强发展活力。苏州工业园区借鉴国际人才管理模式，在不足1平方公里的纳米城，集聚“海外人才计划”专家25名，孵化相

关企业 350 家，成为全球微纳米领域 8 个最具代表性区域之一。

（五）加强平台载体建设，产才融合成效持续彰显

围绕 13 个先进制造业集群和自主可控产业体系，加大重点实验室、“双创”基地等平台载体建设。深入实施“创业江苏”行动计划，加大人才创业扶持力度。着力打造“苗圃—孵化器—加速器”人才创业孵化链条，全省孵化器数量、面积及在孵企业数均居全国第一。大力发展人才金融，优化财政资金使用，不断丰富“人才贷”“人才投”“人才保”等金融产品，为人才创业提供金融支持。推动人才生态环境建设，人才引领新兴企业发展的趋势明显增强，一大批技术领先、成长性好、集聚度高的新兴产业不断涌现，成为支撑高质量发展的“四梁八柱”。连云港恒瑞医药等四大药企发挥用人主体作用，引进培育海外高端人才 15 人，汇集研发人才近 6 000 名，成为我国医药创新高地之一。

二、江苏产才融合发展过程中的存在问题

江苏产才融合发展虽已走在全国前列，但在实践工作中发现，一些难点、痛点问题制约了产才融合发展再提升。①

一是部门协同配合难。思想上，“重物轻人、厚产薄才”“重招商引资、轻招才引智”的片面认识还一定程度存在。组织上，“产业部门不抓人才，人才部门不抓产业”的“两张皮”现象，成为困扰产才融合的制度难题。抓人才不了解产业，就像是盲人摸象；抓产业脱离人才，就缺少腾飞的翅膀。部门协调上，部门各自为政、单打独斗现象也依然存在，江苏省出台了不少支持产业发展和人才创新的政策举措，但一些旧问题没有解决、好政策没有落地的现象还不同程度存在，这其中就有政策配套不够、协调联动不力的原因。

二是园区转型升级难。园区经济占据江苏的半壁江山，也是产业集群、人才集聚的前沿阵地。全省 158 家省级以上开发园区，集

① 参见郭文奇：《产才融合释放高质量发展新动能》，《中国组织人事报》2019 年 11 月29 日。

聚了80%以上的高新技术企业和新引进高层次人才，创造了50%以上的经济总量和财政收入。但产业链的攀升越往上越艰难，存在着人才竞争异常激烈、要素成本持续上升、资源环境约束趋紧、区域竞争日渐激烈等诸多困扰，开发园区向现代产业园区转型升级任重道远。

三是高校成果转化难。江苏是科教大省，名校名企、大院大所众多，有167所大学，在校大学生200万人，"双一流"大学15所。在苏两院院士、发达国家院士98人。高校数、院士数、国家科技奖获奖总数均列全国首位，拥有各类独立研发机构750多家，研发人员80多万人。但高校院所的大量科研成果"养在深闺人未识""躺在抽屉睡大觉"，存在科教优势向产业优势转化的"中梗阻"。据有关部门研究显示，江苏省高校院所每年只有5%的原创成果可应用转化，转化后能产生经济效益的仅占被转化成果的30%左右，科研导向与产业需求尚有较大距离。另外，江苏省高校院所学科专业和产业的契合度不高，国家"双一流"建设学科名单中，江苏共入选43个，仅有60%与江苏优势产业紧密关联。

四是企业引才留才难。企业是经济发展的主角，是引才用才的主体，是区域创新的主干。江苏省企业数量不少，高新技术企业突破2万家，但大而不强的特征比较明显，创新能力整体不够强，具有全产业链控制力的龙头型企业和产业单项冠军还不多，吸引和承载大量高端人才、青年人才的企业平台还不够。据科技部发布的2018年中国独角兽榜单，全国独角兽企业共202家，江苏省仅8家企业入选，与北京、上海、广东、浙江等省市差距明显。江苏数控机床产业发展水平位居全国第二，但领军人才数量仅20人左右，落后于北京、辽宁、陕西和上海。另据调查，高校学生毕业离开南京，八成以上选择去了房价更高的北上广深等一线城市，原因是这些城市有华为、腾讯、百度等具有全球影响的领军企业，年轻人才看重的是"个人发展前景"和"事业发展平台"。

第四章 江苏产才融合发展的五大重点任务

江苏产才融合发展要紧紧围绕推动高质量发展走在前列的目标任务，以资源整合为重点，以改革创新为动力，聚焦区域战略、园区产业、科教资源、企业主体、人才金融五个重点，统筹推进产业、人才一体化发展。

一、聚焦发展主战略，形成部门协同的合力

当前，"一带一路"倡议、长江经济带、长三角区域一体化等国家战略在江苏叠加，中国（江苏）自由贸易试验区宣布新设。对此，要聚焦和服务发展主战略，找到人才与产业发展的"最大公约数"，凝聚起人才部门与产业部门的"最大合力"。

一是要主动策应长三角区域一体化发展战略。打破行政区域壁垒，主动对接上海，携手浙江安徽，加强人才、科技、产业互动合作，共同集聚全球创新资源，打造创新发展共同体。立足 G42 沪宁沿线苏南五市，先行启动人才创新走廊建设，推动沿线地区共同编制发展规划、共同布局重点产业、共同谋划人才发展。服务长三角生态绿色一体化发展示范区建设，谋划实施人才特殊支持计划。

二是要抓住用好江苏自贸区建设的重大机遇。对标国际规则、瞄准开放前沿、面向市场需求，优化配置高端人才资源，支持自贸区加快形成具有国际竞争力的产才融合制度体系。南京、苏州、连云港片区要按照各自功能定位，大胆探索特殊人才政策，先行先试产才融合发展路径。要不断放大自贸区建设的叠加效应，用足用好政

策红利，探索人才管理改革，提升全省产才融合发展国际竞争力。

三是要重点服务先进制造业集群发展。围绕13个先进制造业集群发展要求，编制全球高端人才分布地图，精准配置人才资源，提高产才匹配度。加强前沿科技和未来产业研判分析，系统布局“高精尖缺”和“卡脖子”领域人才的培育、引进、储备，提升产业未来发展潜力。

二、聚焦园区主阵地，构筑产业升级的高地

紧紧围绕开发区这一产才融合优势载体，同步打造产业高地、创新高地、人才高地，加速推进开发区向现代产业园区转型。

一是要高位嫁接创新资源。采取“引进来”的方式，摸清全球高端人才分布和流向，把握海外人才加速回流的历史机遇，以更加积极、开放、自信的姿态参与国际人才竞争。采取“走出去”的方式，坚持在全球范围内找坐标、画地图，引导企业跨国收购、重组、兼并以及到海外设立孵化器，海外引才、“飞地”用才，推动跨国创新、集成创新。

二是要充分放活体制机制。开发区作为改革创新的产物，源于“活”、系于“活”、成于“活”，要始终传承创新生命基因，自觉摒弃经验主义和惯性思维，在放活体制、用活人才的基础上推进产才融合。管理要活，把简政放权作为改革重点，把激发企业活力作为关键，以政府的更好作为换取市场的有效作用；用才要活，敢于破除体制、身份、地域障碍，落实用好人才“周转池”“双落户”“员额制”等政策，善于柔性引才、弹性用才，积极推进“创新在高校、创业在园区”；激励要活，既重视精神激励，也重视物质激励，更注重事业激励，让人才“名利双收”，在创新创业中有更多的获得感。

三要精心打造一流环境。以打造创新创富、宜居宜业、开放包容的发展环境和创新生态为目标，着眼于集聚人才、提升人气，同步推进产、才、城融合发展，加强开发区与城市基础设施和公共服务设施的有机衔接，进一步完善生产、生活、生态功能配套，让人才在园

区创得舒心、过得顺心。营造高效便捷、公平竞争的创新创业环境，大力发展人力资源市场、人才猎头机构、人才服务组织，将园区打造成审批环节最少、办事速度最快、创业成本最低、服务质量最好、创业成功率最高的区域。

三、聚焦院校主引擎，转化成果为现实生产力

发挥科教资源优势，积极搭建平台，拓宽产教融合通道，努力推动科教“富矿”转化为产业“富矿”。

一是要深化人才培养供给侧改革，以主导产业为指向，围绕产业链部署学科链、集聚人才链，优化学科专业体系，推动高等教育与产业体系融合接轨。健全研究型人才和应用型人才分类培养体系，提高应用型人才培养比重，建立学历与技能并重的人才培养模式。深入实施“引企入教”改革，支持校企联合共建产业学院、“双创”基地、实训基地，促进企业需求融入人才培养环节，提高毕业生的创新能力和实践水平。

二是要加快科技成果向产业转移转化。着力破除一切束缚创新驱动发展的制度障碍，赋予用人主体和人才更多的科研决策自主权、成果转移转化权、收益分配决定权，以利益分配为核心、以绩效考核为导向，加大体制机制改革力度，推动更多科研成果走出院校、走进企业。

三是要深化产教协同创新。持续实施“科技镇长团”“产业教授”“科技副总”等工程计划，带动全国高校院所专家人才活跃在创新一线，推动高校与企业创新资源深度对接。

四、聚焦企业主力军，扩增招才聚才“用武之地”

充分发挥市场在配置资源中的决定性作用，尊重企业的主体地位，激活企业的主体作用，把培育企业和企业家作为深化产才融合的重要任务来抓。

一是要培育“顶天立地”的领军型企业，集聚高端人才和创新人

才。要按行业和区域支持一批创新能力强、引领作用大、发展潜力好的领军型企业，建立挂钩联系制度，健全协商会办机制，给予“一企一策”支持，“特事特办”、排忧解难。支持建设平台型公司、产业创新联盟，发挥领军型企业在产业发展和集聚人才中的龙头带动作用。

二是要培育“铺天盖地”的中小微企业，吸引承载大量人才就业。加大政策支持力度，为中小微企业“雪中送炭”，防止政策支持中的马太效应。大力推进减税降负，营造公平营商环境，推动中小微企业向“专精特尖”发展，培养一大批具有国际竞争力的单项冠军和隐形冠军。

三是要培育“连天接地”的科技企业家。紧密结合战略性新兴产业和未来产业，以更大力度、更实举措实施科技企业家支持计划，着力培育一大批既通科技、又懂市场的复合型创新创业人才，储备更多有知名度、有感召力的科技企业家。

五、聚焦金融主抓手，催化人才创新创业活力

针对人才融资难、融资贵、融资慢问题，通过组建江苏人才创投联盟、设立江苏人才创新创业项目路演中心等多种举措，打造资本服务人才、招引人才的重要平台。不断创新人才金融产品，加强与银行、投资、保险、证券等金融机构合作，推出一系列符合园区产业发展的金融产品，更加有效地利用好资本、服务好人才。全面推广“人才贷”，为更多人才发放免抵押、免担保纯信用类贷款；大力推进“人才投”，探索“拨＋投”模式，引导各类创业投资机构参与种子期、初创期人才企业的股权投资；积极开展“人才保”，进一步提高贷款增信和融资能力；加快实施“人才板”，推动人才企业股权交易、挂牌上市。优化人才金融服务方式，建立人才金融综合服务平台，探索“线上＋线下”服务模式。实行“投贷保”联动，为人才企业与创投资本的有效对接提供“一站式”服务。

第五章　加快江苏产才融合发展的保障措施

产才融合发展是一项系统性工程，涉及面广、关联度高、耦合性强，需要各地各部门各单位加强协同、相互支持、共同给力。

一、强化思想认识

树立“一盘棋”的理念，打破思想藩篱和部门利益，破除各自为政、单打独斗的现象，跳出产业看产业，跳出科技看科技，跳出人才看人才，坚持同向发力，相向而行。坚持“一体化”的思维，克服“重物轻人、厚产薄才”“重招商引资、轻招才引智”的片面认识，牢固树立“抓今天的人才就是抓明天的产业”观念，把人才作为产业发展的第一权重。强化“双招双引”联动机制，对招商引资与招才引智同谋划、同开展、同考核，以人才结构优化推动产业层级提升。体现“一把手”的作为，各地各部门各单位“一把手”关键事项亲自协调、重点工作亲自推进、重要问题亲自解决。

二、强化协调联动

政策上要相互衔接，在制定产业发展规划、科技创新政策、人才支持举措中，都要树立产才融合发展的鲜明导向，做到你中有我、我中有你。对重大产业项目、前沿科技项目、顶尖人才项目，各方面支持政策都要主动跟进，形成集中资源、集成支持的叠加效应。推进上要相互支持，各地各部门各单位要根据职责分工，主动配合，相互补位。人才部门要主动分析产业发展现状和趋向，引导人才向发展一线集聚;产业部门要自觉发挥第一资源作用,在重大工程实施、重点项目推进、重要载体建设中,把人才评估作为必要环节;教育、科技部门要引导高校院所调整优化学科专业,支持人才创新创业,加强科研成果转移转化;公安、外事部门要为人才及“双招双引”提供出入境便利;人社、住建、卫生等部门要为人才生产生活提供服务保障。还要强化纵向联系,加强与上级部门的协调联动,努力争取政策倾斜和支持;加强对下级部门、主管单位的联系指导,推动政策在受众面落地落实。机制上要相互联通,探索建立产才融合发展的信息共享机制和协商会办制度,定期通报工作进展,交流分享经验做法,协商解决具体问题。例如,针对中小企业发展遇困的现实,建立每月一次企业家座谈会制度,相关部门共同参与,听取企业诉求,帮助解决问题。

三、强化考核激励

坚持奖惩并举,不断完善考核、激励机制。坚持分层分类考核,对市县、园区重点考核产业集聚人才、人才引领产业发展情况;对机关部门重点考核支持人才发展、抓行业人才队伍建设情况;对高校院所重点考核人才培养质量、人才发展水平、科研成果转移转化情况。同时,要将考核要求进一步向机关各处室、高校各院系、基层各单位延伸,层层压实责任、传导压力。要加强考核结果运用,发挥考核的牵引作用,考核结果作为班子评优、干部评价等方面的重要依据。

四、深化制度改革

要突出市场导向,把市场评价作为人才评价的依据,将人才享受的薪酬待遇、创造的市场价值、缴纳的所得税收、获得的创业投资等作为人才项目的重要衡量指标;把市场回报作为人才回报的根本,推广协议工资制、项目工资制,鼓励实施股权、期权、分红激励,提高人才待遇的市场竞争力,支持人才一朝致富、名利双收。要体现公平竞争，在人才评价上，破除唯论文、唯职称、唯学历、唯奖项等偏向，健全完善涵盖品德、知识、能力、业绩和贡献等要素的分类评价体现；在人才流动上，进一步打破户籍、身份、学历、人事关系等制约，促进城乡、区域、行业和不同所有制之间人才协调发展。落实鼓励激励、容错纠错、能上能下“三项机制”，打破“以成败论英雄”的惯性思维，建立健全尽职免责机制，对未取得预期成效、但已履职尽责的，免于追究实施主体和相关人员责任。

五、优化服务环境

强化人才服务，着力打造人才服务领先之地、人才市场发达之地、人才生活无忧之地、人才文化浓郁之地。优化共性服务，对人才长期关注、重点关心的普遍性问题，如科研进修、人才住房、子女教育、家属随迁等，需要根据政策解决实质性问题。探索个性服务，对人才提出的迫切需求、合理诉求，需要因地制宜、因人施策，探索个性化的解决办法。深化专业服务，鼓励让专业的人做专业的事，大力发展人才服务业，鼓励社会化专业性力量，培育壮大人才服务机构和平台，为人才提供“定制式”服务。

第三篇

江苏人才竞争力评价与比较

第一章　江苏省设区市人才竞争力评价

在江苏人才发展战略研究院、江苏省人才创新创业促进会的组织下，区域人才研究中心充分借鉴《中国区域人才竞争力报告》等成果，构建江苏设区市人才竞争力评价指标体系及评价模型，运用江苏省人才发展统计数据（2018）和《江苏省统计年鉴——2019》[①]数据，开展江苏省设区市人才竞争力测算评价、比较分析，为江苏人才工作者、领导者、研究者等相关人员提供一定的参考借鉴和实践依据。

一、江苏省设区市人才竞争力评价的结构设计

（一）人才竞争力的概念与内涵

人才竞争力是通过比较而得到的相对的概念，是一个综合性概念；同时也是一个动态的概念，竞争力随着社会经济环境的发展变化而变化。人才竞争力也是一个差别性概念，不同研究对象不同国家、同国家不同区域、同区域不同产业（行业）、同产业（行业）不同企业（组织）的竞争力也是不同的。人才竞争力由三个部分组成，即现实的人才竞争能力，潜在的、未来可能拥有的人才竞争能力，将潜在的人才竞争能力转化为现实以获得竞争优势的能力。人才竞争力的概念的特点为人才竞争力是蕴涵于内部的、与竞争对手相比较而存在的、受外部环境影响的、融合各种能力的一种综合能力。

---

① 江苏统计局，国家统计局江苏调查总队编，《江苏省统计年鉴——2019》，中国统计出版社2019年版。

人才竞争力的指标可以分为两大类，分别是效能指标和归因指标。效能指标所反映的是竞争的结果即竞争力的最终表现，而归因指标所反映的则是形成竞争力的原因或者决定因素。人才竞争力评价是运用经济学、管理学和统计分析的方法，相对地反映出国家、区域（地带、板块、综合经济区、省市县域、城市等社会经济区域）竞争力的真实状况，并做出评价和分析。

对于一个市而言，人才竞争力的基础和最根本的因素是其对人才资源的吸引、争夺、拥有、使用及转化能力。人才流动和人才集聚的规律显示，人才发展中的经济地位、科技平台、社会环境、人文传统等因素对人才的流动和集聚影响很大，有时甚至成了决定性的因素。表面上看，人才在不同的国度、设区市或社会组织之间流动，而在实质上其是在不同的体制、机制、制度环境和不同的经济、科技、社会、人文环境之间的流动。哪个地方适合人才充分发挥其才智、有利于人才的长足发展，人才就向那个地方集聚。

（二）评价指标体系设计的基本原则

一是科学性原则。运用当前人才发展研究的最新成果，以《国家中长期人才发展规划纲要（2010－2020）》中所列的“人才发展主要指标”为核心指标（反映“人才”特征的指标），并辅以与人才特征密切相关的其他指标，使得评价指标体系科学地、完整地反映人才竞争力的本质。运用此指标体系得到的评价结果，可与所研究设区市的人才竞争力的实际情况比较贴近。

二是可量化原则。尽管体制、机制、制度环境等因素直接影响设区市人才的竞争力，但此类因素的评价具有很大的主观性，受评价人的主观意识、认知能力乃至个性、好恶的左右，因而很难得到客观、公正的评价。因此，本研究在评价指标体系设计中，一概不采用通过问卷调查等方法得到的定性评价结果，所有指标均为国家和各级政府统计部门权威发布的统计数据以及根据这些数据计算得到的定量结果。

三是可比较原则。鉴于人才竞争力是一个差别性概念，不同研究对象不同国家、同国家不同区域、同区域不同产业(行业)、同产业(行业)不同企业(组织)的竞争力也是不同的。因此,本研究将对设区市人才竞争力进行分类比较研究,使得研究的对象具有相同的区域特征(区划层次特征),因而具有可比性。

(三)评价指标体系设计的结构框架

我们将设区市人才竞争力分为体现人才竞争力的内在要素、外在要素、效能要素,设计江苏省设区市人才竞争力的评价指标体系结构,如图 3-1-1 所示。

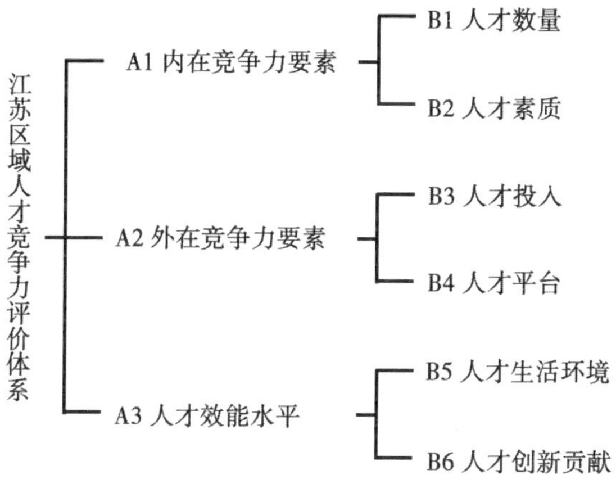

图 3-1-1　江苏省设区市人才竞争力评价指标体系结构图

内在要素反映了设区市人才创新创业、作用发挥的核心竞争力。内在竞争力要素包括人才数量、人才素质等方面,这是设区市潜在的、未来可能拥有的人才竞争能力。

外在要素反映了设区市人才创新创业的外部影响(平台、生活条件、人居环境等)因素,对核心竞争力起到正向(激扬、促进)或反向(压抑、制约)作用。外在竞争力要素包括人才投入、人才平台等方面,这是设区市将潜在的人才竞争能力转化为现实以获得竞争优势的能力。

效能要素表征人才竞争力现状的是人才产出水平，反映了设区市人才对设区市国民经济和社会发展的贡献和促进作用。人才效能水平包括人才生活环境、人才创新贡献等方面，这是设区市现实的人才竞争能力。

二、江苏省设区市人才竞争力评价的模型设计

（一）模型的选择

根据江苏省设区市人才竞争力评价指标体系的结构，可以构建一般意义上的设区市人才竞争力评价模型，即：

$$J_i = \sum B_k \times Q_k \tag{1}$$

其中，J_i 为不同层次和类型设区市的人才竞争力，B_k 为一、二、三层级的各项指标（指数），Q_k 为分别对应一、二、三层级指标（指数）的权重，k 分别为第一、二、三层级的指标数。对于江苏省设区市而言，第一层级指标数 k 为 6（B01～B06 共 6 个一级指标），第二、三层级的指标数 k 根据不同指标的内涵确定。

（二）权重的确定

为了体现各个评价指标在评价指标体系中的重要程度，必须对每个指标赋予不同的权重系数。指标的权重是评价过程中各个指标相对重要程度的一种主观与客观度量的反映。目前，评价指标权重的确定方法主要采用主客观相结合的专家集体决策方法，如德尔菲法、层次分析法、灰色关联分析法等。

本研究采用层次分析法对设区市人才竞争力评价指标体系中的指数权重加以确定。在明确指标体系层级结构后，本研究组共邀请 9 位专家（包括理论研究专家和资深人才工作管理专家）分别对一、二、三级层次的指标（指数）进行两两比较与判断，并采用 1～9 的比例标度，将专家的定性判断定量化，由此构造出若干个两两比较判断矩阵。在对这些比较判断矩阵进行层次单排序，计算各自的权重系数，并对之进行一致性检验。

（三）数据处理的原则及方法

由于人才竞争力各项指标数据的量纲不同，因此，要对这些指标进行综合集成，所有指标数据都必须进行无量纲处理。本报告采取的计分原则：各指标最大值为1，最小值为0，平均值为0.6。

对于小于平均值的数值 x，根据公式(2)进行处理：

$$0.6 \times x / \text{平均值} \tag{2}$$

对于大于平均值的数值 x，根据公式(3)进行处理：

$$0.6 + 0.4 \times (x - \text{平均值}) / (\text{最大值} - \text{平均值}) \tag{3}$$

三、江苏省设区市人才竞争力评价的指标体系

江苏省设区市人才竞争力评价指标体系是设区市人才竞争力评价指标体系结构（见图3-1）在省域的具体化，由体现省域人才竞争力的内在要素和影响省域人才竞争力的外在要素以及表征省域人才竞争力效能水平的要素组成。一级指标体系如表3-1-1所示。

表3-1-1　江苏省设区市人才竞争力评价一级指标体系

区域人才竞争力要素	一级指标及编号	一级指标权重
体现设区市人才竞争力的内在要素	B01 人才数量	0.05
	B02 人才素质	0.35
影响设区市人才竞争力的外在要素	B03 人才投入	0.09
	B04 人才平台	0.20
表征设区市人才竞争力的效能要素	B05 人才生活环境	0.06
	B06 人才创新贡献	0.25

注：二、三级指标的权重由上述层次分析法确定。

（一）江苏省设区市人才数量指标(B01)

江苏省设区市人才数量指标是衡量江苏省设区市不同层次人

才资源在数量方面的状况、显示数量差距的主要指标，反映不同类型、层次人才资源的绝对数量，体现了人才的规模效应。江苏省设区市人才数量指标的二、三级指标体系如表 3-1-2 所示。

表 3-1-2　人才数量指标体系

二级指标（权重）	三级指标（权重）	单位	数据时点	数据来源
B011 人力资源(0.20)	B01101 从业人员数(1)	万人	当年	《江苏统计年鉴——2019》
B012 各类专业技术人员数(0.40)	B01201 各类专业技术人员数(1)	人	当年	江苏人才统计数据(2018)
B013 新就业毕业生(0.40)	B0130 新就业大专以上毕业生(0.5)	人	当年	江苏人才统计数据(2018)
	B01302 其中新就业本科毕业生(0.2)	人	当年	江苏人才统计数据(2018)
	B01303 其中新就业研究生毕业生(0.3)	人	当年	江苏人才统计数据(2018)

注：二、三级指标的权重由上述层次分析法确定。

（二）江苏省设区市人才素质指标(B02)

江苏省设区市人才素质指标是衡量江苏省设区市不同层次人才资源在质量和结构方面的优劣、显示人才相对数量差距、人才空间配置合理性的主要指标，体现了人才的素质效应和不同类型、层次人才资源的分布与江苏省设区市经济社会发展之间的相关性。江苏省设区市人才素质指标的二、三级指标体系如表 3-1-3 所示。

表 3-1-3　人才素质指标体系

二级指标（权重）	三级指标（权重）	单位	数据时点	数据来源
B021 高端人才(0.50)	B02101“海外人才计划”专家(0.1)	人	累计	江苏人才统计数据(2018)
	B02102 其中：创业类(0.12)	人	累计	江苏人才统计数据(2018)
	B02103 双创人才(0.04)	人	累计	江苏人才统计数据(2018)
	B02104 双创团队(0.04)	人	累计	江苏人才统计数据(2018)
	B02105 双创博士(0.04)	人	累计	江苏人才统计数据(2018)
	B02106 江苏特聘教授(0.04)	人	累计	江苏人才统计数据(2018)
	B02107 江苏特聘医学专家(0.04)	人	当年	江苏人才统计数据(2018)
	B02108 资助引进高层次人才(0.04)	人	当年	江苏人才统计数据(2018)
	B02109 海外留学回国人员(0.1)	人	当年	江苏人才统计数据(2018)
	B02201 院士(0.12)	人	累计	江苏人才统计数据(2018)
B021 高端人才(0.50)	B02202“长江学者奖励计划”特聘教授(0.04)	人	累计	江苏人才统计数据(2018)
	B02203 国家杰出青年基金获得者(0.04)	人	累计	江苏人才统计数据(2018)
	B02204 省自然科学基金杰出青年基金获得者(0.04)	人	累计	江苏人才统计数据(2018)
	B02205 省自然科学基金青年基金获得者(0.02)	人	累计	江苏人才统计数据(2018)
	B02206 国务院特殊津贴专家(0.04)	人	累计	江苏人才统计数据(2018)

续表

二级指标（权重）	三级指标（权重）	单位	数据时点	数据来源
B021 高端人才(0.50)	B02207 国家有突出贡献中青年专家(0.04)	人	累计	江苏人才统计数据(2018)
	B02208 百千万人才工程国家级人选(0.04)	人	累计	江苏人才统计数据(2018)
	B02209 省有突出贡献中青年专家(0.02)	人	累计	江苏人才统计数据(2018)
	B02210 第五期"333 工程"第一层次(0.8)	人	本期	江苏人才统计数据(2018)
	B02213 第五期"333 工程"第二层次(0.04)	人	本期	江苏人才统计数据(2018)
	B02214 第五期"333 工程"第三层次(0.01)	人	本期	江苏人才统计数据(2018)
B022R&D(科学研究与试验发展)人员(0.20)	B02301 从事科技活动人员数(0.3)	万人	当年	江苏人才统计数据(2018)
	B02302 从事 R&D 人员数(0.1)	万人年	当年	江苏人才统计数据(2018)
	B02303 其中：企业从事 R&D 人员(0.3)	万人年	当年	江苏人才统计数据(2018)
	B02304 每万从业人员中 R&D 人员(0.3)	人年	当年	江苏人才统计数据(2018)
B023 高技能人才(0.05)	B02401 获得高级工以上职业资格(0.3)	万人	当年	江苏人才统计数据(2018)
	B02402 全省参加职业技能鉴定(0.3)	万人	当年	江苏人才统计数据(2018)
	B02403 获国家职业资格证书(0.3)	万人	当年	江苏人才统计数据(2018)
	B02404 其中：企业职工获国家职业资格证书(0.1)	万人	当年	江苏人才统计数据(2018)

续表

二级指标（权重）	三级指标（权重）	单位	数据时点	数据来源
B024 人才动态(0.25)	B02501 流入比(0.3)	%	当年	江苏人才统计数据(2018)
	B02502 其中:本科生流入比(0.3)	%	当年	江苏人才统计数据(2018)
	B02503 其中:研究生流入比(0.4)	%	当年	江苏人才统计数据(2018)

注:二、三级指标的权重由上述层次分析法确定。

(三)江苏省设区市人才投入指标(B03)

江苏省设区市人才投入指标是衡量江苏省设区市在人才保障、人才潜能方面的优劣、显示人才发展后劲的主要指标。人才投入指标的评价标准,既要考虑投入的均量,也要考虑投入的总量。江苏省设区市人才投入指标的二、三级指标体系如表 3-1-4 所示。

表 3-1-4 人才投入指标体系

二级指标（权重）	三级指标（权重）	单位	数据时点	数据来源
B031R&D 投入(0.60)	B03101 全社会 R&D 投入(0.4)	亿元	当年	江苏人才统计数据(2018)
	B03102 全社会 R&D 投入占 GDP 比例(0.6)	%	当年	江苏人才统计数据(2018)
B032 人力资本投入(0.40)	B03202 公共财政支出中教育支出(0.35)	亿元	当年	江苏人才统计数据(2018)
	B03203 公共财政支出中科学技术支出(0.4)	亿元	当年	江苏人才统计数据(2018)
	B03204 公共财政支出中医疗卫生支出(0.25)	亿元	当年	江苏人才统计数据(2018)

注:二、三级指标的权重由上述层次分析法确定

（四）江苏省设区市人才平台指标（B04）

江苏省设区市人才平台指标即人才发展平台指标，是衡量江苏省设区市在为人才提供发挥作用的“用武之地”以及长足发展的通道方面的优劣，显示吸引、留住人才的力度、影响人才发展后劲的主要指标。江苏省设区市人才平台指标的二、三级指标体系如表 3-1-5 所示。

表 3-1-5　人才平台竞争力指标体系

二级指标（权重）	三级指标（权重）	单位	数据时点	数据来源
B041 人才经济平台（0.20）	B04101 GDP（0.7）	亿元	当年	《江苏统计年鉴——2019》
	B04102 人均 GDP（0.3）	万元/人	当年	《江苏统计年鉴——2019》
B042 人才产业平台（0.10）	B04201 工业总产值（0.2）	亿元	当年	《江苏统计年鉴——2019》
	B04202 工业企业主营业务收入（0.2）	亿元	当年	《江苏统计年鉴——2019》
	B04203 工业企业利润总额（0.2）	亿元	当年	《江苏统计年鉴——2019》
	B04204 规模以上工业总产值（0.4）	亿元	当年	《江苏人才统计数据——2019》
B043 人才财政金融平台（0.05）	B04301 地方公共财政收入（0.15）	亿元	当年	《江苏统计年鉴——2019》
	B04302 人均地方公共财政收入（0.15）	万元/人	当年	《江苏统计年鉴——2019》
	B04302 年末金融机构贷款余额（0.2）	亿元	当年	《江苏统计年鉴——2019》
	B04304 人均年末金融机构贷款余额（0.2）	万元/人	当年	《江苏统计年鉴——2019》
	B04305 备案创投企业（0.3）	家	累计	江苏人才统计数据（2018）

续表

二级指标(权重)	三级指标(权重)	单位	数据时点	数据来源
B044 人才投资平台(0.01)	B04401 全社会固定资产投资(1)	亿元	当年	《江苏统计年鉴——2019》
B045 企业创新平台(0.27)	B04501 上市公司(0.1)	家	累计	江苏人才统计数据(2018)
	B04502 省重点企业研发机构(0.04)	个	累计	江苏人才统计数据(2018)
B045 企业创新平台(0.27)	B04503 企业院士工作站(0.03)	个	累计	江苏人才统计数据(2018)
	B04504 企业博士后科研工作站(0.02)	个	累计	江苏人才统计数据(2018)
	B04505 企业博士后创新实践基地(0.02)	个	累计	江苏人才统计数据(2018)
	B04506 企业研究生工作站(0.03)	个	累计	江苏人才统计数据(2018)
	B04507 校企联盟(0.06)	个	累计	江苏人才统计数据(2018)
	B04508 省级以上企业工程技术研究中心(0.02)	个	累计	江苏人才统计数据(2018)
	B04509 省级以上企业技术中心(0.02)	个	累计	江苏人才统计数据(2018)
	B04510 省级以上工程中心(0.02)	个	累计	江苏人才统计数据(2018)
	B04511 技能大师工作室(0.04)	个	累计	江苏人才统计数据(2018)
	B04512 高技能人才公共实训基地(0.04)	个	累计	江苏人才统计数据(2018)
	B04513 国家重点实验室(企业)(0.07)	个	累计	江苏人才统计数据(2018)

续表

二级指标（权重）	三级指标（权重）	单位	数据时点	数据来源
B045 企业创新平台(0.27)	B04514 省级重点实验室（企业）(0.04)	个	累计	江苏人才统计数据(2018)
	B04515 高新技术企业(0.4)	家	累计	江苏人才统计数据(2018)
	B04516 科技公共服务平台(0.05)	个	累计	江苏人才统计数据(2018)
B046 创业平台(0.27)	B04601 国家级高新技术产业园区(0.25)	家	累计	江苏人才统计数据(2018)
	B04602 省级高新技术产业园区(0.12)	家	累计	江苏人才统计数据(2018)
	B04603 国家经济技术开发区(0.15)	家	累计	江苏人才统计数据(2018)
	B04604 省级经济技术开发区(0.1)	家	累计	江苏人才统计数据(2018)
	B04605 全省省级以上孵化器总数(0.1)	家	累计	江苏人才统计数据(2018)
	B04606 省级以上留学人员创业园(0.1)	家	累计	江苏人才统计数据(2018)
	B04607 国家级文化产业示范基地(0.09)	家	累计	江苏人才统计数据(2018)
	B04608 省级文化产业示范基地(0.09)	家	累计	江苏人才统计数据(2018)
B047 事业创新平台(0.10)	B04701 本科院校数量(0.25)	人	当年	江苏人才统计数据(2018)
	B04702 专科院校数量(0.15)	人	当年	江苏人才统计数据(2018)
	B04703 国家重点实验室（院校）(0.35)	个	累计	江苏人才统计数据(2018)
	B04704 省级重点实验室（院校）(0.25)	个	累计	江苏人才统计数据(2018)

注：二、三级指标的权重由上述层次分析法确定。

（五）江苏省设区市人才生活环境指标（B05）

江苏省设区市人才生活环境指标是影响江苏省设区市人才稳定度的重要指标，是江苏省设区市人才获得体面收入、满足家庭生活需求及社交需求的重要条件。江苏省设区市人才环境是在人才发展过程中影响其才能的形成和作用发挥的客观环境。此处的江苏省设区市人才环境指标主要指在上述人才发展平台（即人才事业发展环境）之外的、影响人才家庭生活的教育医疗卫生环境等。江苏省设区市人才生活环境质保的二、三级指标体系如表 3-1-6 所示。

表 3-1-6 人才生活环境竞争力指标体系

二级指标（权重）	三级指标（权重）	单位	数据时点	数据来源
B051 居民生活水平（0.40）	B05102 城镇居民人均可支配收入（0.5）	元	当年	《江苏统计年鉴——2019》
	B05103 城镇居民人均生活消费支出（0.5）	元	当年	《江苏统计年鉴——2019》
B052 医疗卫生及人居环境（0.30）	B05201 医生数（执业医师＋执业助理医师）（0.15）	万人	当年	《江苏统计年鉴——2019》
	B05202 人口人均医生数（执业医师＋执业助理医师）（0.15）	人/万人	当年	《江苏统计年鉴——2019》
	B05203 医院床位数（0.2）	个	当年	《江苏统计年鉴——2019》
	B05204 人口人均医院床位数（0.15）	人/万人	当年	《江苏统计年鉴——2019》
	B05208 三级医院数（0.35）	个	当年	江苏人才统计数据（2018）
B053 教育环境（0.30）	B05301 专任教师总数（0.12）	人	当年	《江苏统计年鉴——2019》
	B05302 人均专任教师数（0.08）	人/万人	当年	《江苏统计年鉴——2019》
	B05303 高校本科以上生源总数（0.12）	人	当年	江苏人才统计数据（2018）

续表

二级指标（权重）	三级指标（权重）	单位	数据时点	数据来源
B053 教育环境（0.30）	B05304 每万人中本科以上高校生源数（0.08）	人	当年	江苏人才统计数据（2018）
	B05305“江苏人民教育家培育工程”选拔培养对象（0.1）	人	累计	江苏人才统计数据（2018）
	B05306 在校大学生数（0.15）	人	当年	江苏人才统计数据（2018）
	B05307 其中：博士研究生（0.09）	人	当年	江苏人才统计数据（2018）
	B05308 硕士研究生（0.06）	人	当年	江苏人才统计数据（2018）

注：二、三级指标的权重由上述层次分析法确定

（六）江苏省设区市人才创新贡献指标（B06）

江苏省设区市人才创新贡献指标是人才科技经济产出的重要标志。江苏省设区市人才创新贡献竞争力在科学创新和技术创新方面，反映人才在“专利申请量”“专利授权量”“人才贡献率”“高新技术产业发展”等二级指标上。江苏省设区市人才创新贡献指标的二、三级指标体系如表3-7所示。

表3-7　人才创新贡献竞争力指标体系

二级指标（权重）	三级指标（权重）	单位	数据时点	数据来源
B061 专利申请（0.08）	B06101 专利申请数（0.2）	万件	当年	江苏人才统计数据（2018）
	B06102 人均专利申请量（0.2）	件/万人	当年	《江苏统计年鉴——2019》
	B06103 企业申请专利数占全部专利申请数的比例（0.3）	%	当年	江苏人才统计数据（2018）

续表

二级指标（权重）	三级指标（权重）	单位	数据时点	数据来源
	B06104PCT 国际专利申请量（0.3）	件	当年	江苏人才统计数据（2018）
B062 专利授权（0.12）	B06201 专利授权（0.3）	万件	当年	江苏人才统计数据（2018）
	B06202 专利授权在专利申请中的占比（0.1）	%	当年	江苏人才统计数据（2018）
	B06203 发明专利授权量（0.4）	件	当年	江苏人才统计数据（2018）
	B06204 发明专利授权量在专利授权量中的占比（0.2）	%	当年	江苏人才统计数据（2018）
B063 有效发明专利（0.50）	B06301 有效发明专利（0.3）	件	累计	江苏人才统计数据（2018）
	B06302 其中：企业有效发明专利（0.3）	件	累计	江苏人才统计数据（2018）
	B06303 每万人拥有有效发明专利（0.4）	件	累计	江苏人才统计数据（2018）
B064 重大科技成果（0.25）	B06401 省重大科技成果转化项目（0.5）	项	累计	江苏人才统计数据（2018）
	B06402 省重大科技成果转化项目资金（0.5）	亿元	累计	江苏人才统计数据（2018）
B065 新技术新产品新发现（0.05）	B06501 高新技术产业产值（0.3）	亿元	当年	江苏人才统计数据（2018）
	B06502 人均高新技术产业产值（0.25）	万元/人	当年	《江苏统计年鉴——2019》
	B06503 高新技术产业产值占规模以上工业产值比重（0.25）	%	当年	江苏人才统计数据（2018）
	B06504SCI 收录数（0.2）	项	当年	江苏人才统计数据（2018）

注：二、三级指标的权重由上述层次分析法确定。

四、江苏省设区市人才竞争力的分级评价结果

2018 年江苏省 13 设区市按照人才综合竞争力得分的排序结果为：南京、苏州、无锡、常州、南通、徐州、镇江、扬州、泰州、盐城、连云港、淮安、宿迁。

2018 年江苏省设区市人才综合竞争力可分为六类：第一类为 A 类，综合指数为 0.8～0.9，表明人才竞争力具有较强的全面优势，共有南京、苏州 2 市；第二类为 B+类，综合指数为 0.6～0.7，表明人才竞争力具有极强的局部优势，有无锡 1 市；第三类为 B 类，综合指数在 0.5～0.6 之间，表明人才竞争力具有较强的局部优势，共有常州、南通 2 市；第四类为 B－类，综合指数在 0.4～0.5 之间，表明人才竞争力具有一定的局部优势，共有徐州、镇江、扬州 3 市；第五类为 C+类，综合指数在 0.3～0.4 之间，表明人才竞争力部分领域具有极大的发展潜力，共有泰州、盐城 2 市；第六类为 C 类，综合指数在 0.2～0.3 之间，表明人才竞争力部分领域具有较大的发展潜力，共有连云港、淮安、宿迁 3 市。

从总体变化上来看，2018 年有徐州、镇江 2 市的总排名发生变化，南京人才竞争力保持全省第一位。2018 年江苏省各设区市人才竞争力综合指数及分类如表 3-1-8 所示。

表 3-1-8　2018 年江苏省各设区市人才竞争力综合指数及分类

设区市	排名	综合指数	所属分类	设区市	排名	综合指数	所属分类
南京	1	0.88	A	扬州	8	0.39	B－
苏州	2	0.87	A	泰州	9	0.34	C+
无锡	3	0.68	B+	盐城	10	0.33	C+
常州	4	0.54	B	连云港	11	0.24	C
南通	5	0.53	B	淮安	12	0.22	C

续表

设区市	排名	综合指数	所属分类	设区市	排名	综合指数	所属分类
徐州	6	0.43	B−	宿迁	13	0.20	C
镇江	7	0.42	B−	—	—	—	—

江苏省设区市人才竞争力包括人才数量、人才素质、人才投入、人才平台、人才生活环境、人才创新贡献 6 个一级指标，如表 3-1-9a 和 3-1-9b 所示。其中，人才数量和人才素质指标是设区市潜在的、未来可能拥有的人才竞争能力要素，反映设区市人才创新创业、作用发挥的核心竞争力；人才投入、人才平台和人才生活环境指标是设区市将潜在的人才竞争能力转化为现实以获得竞争优势的能力，反映设区市人才创新创业的外部影响（创新创业条件、生活条件、环境等）因素，对核心竞争力起到正向（激扬、促进）或反向（压抑、制约）作用；人才创新贡献指标是设区市现实的人才竞争能力，表征人才竞争力现状，反映人才对城市国民经济和社会发展的贡献和促进作用。

表 3-1-9a　2018 年江苏省各设区市人才竞争力一级指标指数及排名

设区市	综合指标		综合指标分类					
			B01 人才数量指标		B02 人才素质指标		B03 人才投入指标	
	指数	排名	指数	排名	指数	排名	指数	排名
南京	0.88	1	0.86	2	0.92	1	0.89	2
无锡	0.68	3	0.62	6	0.61	3	0.73	4
徐州	0.43	6	0.76	3	0.37	5	0.54	6
常州	0.54	4	0.47	7	0.44	4	0.60	5

续表

设区市	综合指标		综合指标分类					
			B01 人才数量指标		B02 人才素质指标		B03 人才投入指标	
	指数	排名	指数	排名	指数	排名	指数	排名
苏州	0.87	2	0.91	1	0.78	2	0.94	1
南通	0.53	5	0.71	4	0.34	7	0.76	3
连云港	0.24	11	0.43	11	0.18	11	0.34	11
淮安	0.22	12	0.43	10	0.16	12	0.33	13
盐城	0.33	10	0.64	5	0.21	10	0.51	8
扬州	0.39	8	0.44	9	0.34	8	0.43	10
镇江	0.42	7	0.31	13	0.36	6	0.51	7
泰州	0.34	9	0.45	8	0.24	9	0.43	9
宿迁	0.20	13	0.39	12	0.14	13	0.34	12

表 3-1-9b　2018 年江苏省各设区市人才竞争力一级指标指数及排名

设区市	综合指标		综合指标分类					
			B04 人才平台指标		B05 人才生活环境指标		B06 人才创新贡献指标	
	指数	排名	指数	排名	指数	排名	指数	排名
南京	0.88	1	0.81	2	0.90	1	0.88	2
无锡	0.68	3	0.68	3	0.75	3	0.76	3
徐州	0.43	6	0.49	6	0.59	5	0.31	9

续表

设区市	综合指标		综合指标分类					
			B04 人才平台指标		B05 人才生活环境指标		B06 人才创新贡献指标	
	指数	排名	指数	排名	指数	排名	指数	排名
常州	0.54	4	0.56	4	0.58	6	0.64	4
苏州	0.87	2	0.87	1	0.87	2	0.96	1
南通	0.53	5	0.55	5	0.67	4	0.61	5
连云港	0.24	11	0.25	12	0.44	12	0.20	11
淮安	0.22	12	0.26	11	0.43	13	0.15	12
盐城	0.33	10	0.37	9	0.51	7	0.30	10
扬州	0.39	8	0.44	7	0.47	11	0.40	7
镇江	0.42	7	0.36	10	0.48	9	0.53	6
泰州	0.34	9	0.38	8	0.48	8	0.36	8
宿迁	0.20	13	0.21	13	0.47	10	0.13	13

(一)人才数量指标

人才数量指标包括人力资源、科技活动人员、新就业毕业生。表 3-1-10 为 2018 年江苏省设区市的人才数量指标指数及排名情况。苏州位居人才数量竞争力之首，南京、徐州、南通分列 2～4 名，具有一定的领先优势。在二级指标层面，苏州、徐州、南京分列人力资源和各类专业技术人员数两项指标的三甲；南京、苏州、南通新就业毕业生指标排名前三，科教优势明显。

表 3-1-10　2018 年江苏省各设区市人才数量指标指数及排名

设区市	B01 人才数量指标		B01 人才数量指标分类					
			B011 人力资源		B012 各类专业技术人员数		B013 新就业毕业生	
	指数	排名	指数	排名	指数	排名	指数	排名
南京	0.86	2	0.72	3	0.78	3	1.00	1
无锡	0.62	6	0.63	6	0.66	6	0.57	5
徐州	0.76	3	0.74	2	0.81	2	0.70	4
常州	0.47	7	0.46	9	0.48	8	0.47	7
苏州	0.91	1	1.00	1	1.00	1	0.77	2
南通	0.71	4	0.71	4	0.69	5	0.73	3
连云港	0.43	11	0.41	12	0.52	7	0.35	12
淮安	0.43	10	0.47	7	0.45	10	0.39	10
盐城	0.64	5	0.68	5	0.70	4	0.57	6
扬州	0.44	9	0.44	11	0.43	11	0.44	8
镇江	0.31	13	0.32	13	0.33	13	0.29	13
泰州	0.45	8	0.45	10	0.46	9	0.43	9
宿迁	0.39	12	0.46	8	0.37	12	0.38	11

(二)人才素质指标

人才质量指标包括高端人才、R&D 人员、高技能人才、人才动态。表 3-1-11a 和 3-1-11b 为 2018 年江苏省设区市的人才素质指标指数及排名情况。南京人才素质竞争力居全省之首，苏州、无锡、常州分列 2～4 名，较其他设区市具有明显的领先优势。在二级指标层面，南京在培养高端人才、人才动态方面名列第一，苏州在R&D人员指标方面名列第一，南通在高技能人才指标位列第一名，体现其在单项指标层面的突出优势。

表3-1-11a　2018年江苏省各设区市人才素质指标指数及排名

设区市	B02 人才素质指标		B02 人才素质指标分类			
			B021 引进高端人才		B022 培养高端人才	
	指数	排名	指数	排名	指数	排名
南京	0.92	1	0.93	1	0.81	2
无锡	0.61	3	0.51	3	0.75	3
徐州	0.37	5	0.31	4	0.49	6
常州	0.44	4	0.25	7	0.65	4
苏州	0.78	2	0.67	2	1.00	1
南通	0.34	7	0.19	8	0.63	5
连云港	0.18	11	0.07	11	0.28	11
淮安	0.16	12	0.07	12	0.25	13
盐城	0.21	10	0.09	10	0.48	7
扬州	0.34	8	0.25	6	0.47	8
镇江	0.36	6	0.27	5	0.45	9
泰州	0.24	9	0.14	9	0.44	10
宿迁	0.14	13	0.05	13	0.25	12

表 3-1-11b　2018 年江苏省各设区市人才素质指标指数及排名

设区市	B02 人才素质指标		B02 人才素质指标分类			
			B024 高技能人才		B023 R&D 人员	
	指数	排名	指数	排名	指数	排名
南京	0.92	1	1.00	1	0.83	2
无锡	0.61	3	0.69	3	0.75	5
徐州	0.37	5	0.30	7	0.79	4
常州	0.44	4	0.63	4	0.60	7
苏州	0.78	2	0.83	2	0.82	3
南通	0.34	7	0.29	8	0.97	1
连云港	0.18	11	0.27	9	0.28	13
淮安	0.16	12	0.24	10	0.37	12
盐城	0.21	10	0.21	12	0.40	10
扬州	0.34	8	0.35	6	0.67	6
镇江	0.36	6	0.46	5	0.38	11
泰州	0.24	9	0.23	11	0.45	8
宿迁	0.14	13	0.17	13	0.43	9

（三）人才投入指标

人才投入指标包括 R&D 投入和人力资本投入。表 3-12 为 2018 年江苏省设区市的人才投入竞争力指标指数及排名情况。苏州依靠 R&D 投入指标排名第一的优势，在人才投入这一级指标上在江苏所有设区市中处于领先位置。南京和南通分别位列人才投入指标的第二、三位。

表 3-1-12　2018 年江苏省各设区市人才投入指标指数及排名

设区市	B03 人才投入竞争力指标		B03 人才投入竞争力指标分类			
			B031R&D 投入		B032 人力资本投入	
	指数	排名	指数	排名	指数	排名
南京	0.89	2	0.94	1	0.82	2
无锡	0.73	4	0.79	4	0.65	4
徐州	0.54	6	0.52	7	0.58	6
常州	0.60	5	0.70	5	0.44	7
苏州	0.94	1	0.90	2	1.00	1
南通	0.76	3	0.83	3	0.65	3
连云港	0.34	11	0.38	11	0.28	13
淮安	0.33	13	0.35	13	0.30	12
盐城	0.51	8	0.47	10	0.58	5
扬州	0.43	10	0.48	9	0.35	8
镇江	0.51	7	0.66	6	0.30	11
泰州	0.43	9	0.50	8	0.33	9
宿迁	0.34	12	0.37	12	0.30	10

（四）人才平台指标

人才平台指标包括人才经济平台、人才产业平台、人才财政金融平台、人才投资平台、企业创新平台、创业平台和事业创新平台。表 3-1-13a、3-1-13b 和 3-13c 为 2018 年江苏省设区市的人才平台竞争力指标指数及排名情况。在一级指标层面，苏州、南京位于第一层次，较其他设区市优势明显；无锡名列第三，具有一定优势。在二级指标层面，苏州在7项指标中的人才经济平台、人才产业平台、人才财政金融平台、企业创新平台、创业平台5项指标均排名第一，体现其强大且均衡的平台建设能力；南京在人才投资平台和人才事业创新平台2项指标的排名第一，其他指标除人才经济平台指标排名第三外，均排名第二。

表 3-1-13a 2018 年江苏省各设区市人才平台指标指数及排名

设区市	B04 人才平台指标		B04 人才平台指标分类					
			B041 人才经济平台		B042 人才产业平台		B043 人才财政金融平台	
	指数	排名	指数	排名	指数	排名	指数	排名
南京	0.81	2	0.81	3	0.79	2	0.88	2
无锡	0.68	3	0.82	2	0.70	3	0.69	3
徐州	0.49	6	0.51	6	0.52	5	0.37	7
常州	0.56	4	0.66	4	0.51	6	0.60	4
苏州	0.87	1	1.00	1	0.83	1	0.96	1
南通	0.55	5	0.63	5	0.63	4	0.46	5
连云港	0.25	12	0.26	12	0.27	11	0.22	12
淮安	0.26	11	0.33	11	0.24	12	0.21	13
盐城	0.37	9	0.44	10	0.37	9	0.25	10
扬州	0.44	7	0.51	7	0.48	7	0.33	8
镇江	0.36	10	0.44	9	0.31	10	0.43	6
泰州	0.38	8	0.47	8	0.38	8	0.30	9
宿迁	0.21	13	0.25	13	0.21	13	0.23	11

表 3-1-13b 2018 年江苏省各设区市人才平台指标指数及排名

设区市	B04 人才平台指标		B04 人才平台指标分类			
			B044 人才投资平台		B045 企业创新平台	
	指数	排名	指数	排名	指数	排名
南京	0.81	2	1.00	1	0.86	2
无锡	0.68	3	0.74	4	0.68	3
徐州	0.49	6	0.73	5	0.38	7
常州	0.56	4	0.58	7	0.59	4
苏州	0.87	1	0.79	2	0.86	1
南通	0.55	5	0.75	3	0.54	5
连云港	0.25	12	0.39	11	0.25	11
淮安	0.26	11	0.45	10	0.17	12
盐城	0.37	9	0.68	6	0.34	9
扬州	0.44	7	0.56	8	0.43	6
镇江	0.36	10	0.24	13	0.33	10
泰州	0.38	8	0.56	9	0.37	8
宿迁	0.21	13	0.31	12	0.14	13

表 3-13c　2018 年江苏省各设区市人才平台指标指数及排名

设区市	B04 人才平台指标		B04 人才平台指标分类			
			B046 创业平台		B047 事业创新平台	
	指数	排名	指数	排名	指数	排名
南京	0.81	2	0.67	2	1.00	1
无锡	0.68	3	0.62	4	0.53	3
徐州	0.49	6	0.58	5	0.51	4
常州	0.56	4	0.57	6	0.26	5
苏州	0.87	1	0.89	1	0.64	2
南通	0.55	5	0.62	3	0.18	9
连云港	0.25	12	0.32	11	0.08	12
淮安	0.26	11	0.31	12	0.22	6
盐城	0.37	9	0.44	9	0.18	8
扬州	0.44	7	0.50	7	0.17	10
镇江	0.36	10	0.38	10	0.21	7
泰州	0.38	8	0.44	8	0.09	11
宿迁	0.21	13	0.29	13	0.06	13

(五)人才生活环境指标

人才生活环境指标包括居民生活水平、医疗卫生及人居环境和教育环境。表 3-1-14 为 2018 年江苏省设区市的人才生活环境指标指数及排名情况。南京人才生活环境指标位列第一，苏州位列第二。在二级指标层面，苏州居民生活水平排名第一，无锡第二；在医疗卫生及人居环境方面，南京、苏州、无锡分别占据前三位；南京教育环境全省第一，评价结果远高于其他设区市，苏州、无锡分列第二、三位，相对其他设区市优势较为明显。

表 3-1-14　2018 年江苏省各设区市人才生活环境指标指数及排名

设区市	B05 人才生活环境指标		B05 人才生活环境指标分类					
			B051 居民生活水平		B052 医疗卫生及人居环境		B053 教育环境	
	指数	排名	指数	排名	指数	排名	指数	排名
南京	0.90	1	0.89	3	0.93	1	0.88	1
无锡	0.75	3	0.89	2	0.78	3	0.54	5
徐州	0.59	5	0.45	12	0.70	6	0.68	3
常州	0.58	6	0.78	4	0.45	8	0.45	7
苏州	0.87	2	1.00	1	0.87	2	0.70	2
南通	0.67	4	0.66	6	0.77	4	0.59	4
连云港	0.44	12	0.46	11	0.43	9	0.42	9
淮安	0.43	13	0.46	10	0.40	11	0.41	10
盐城	0.51	7	0.47	9	0.61	7	0.45	6
扬州	0.47	11	0.56	8	0.39	12	0.44	8
镇江	0.48	9	0.67	5	0.31	13	0.39	12
泰州	0.48	8	0.59	7	0.43	10	0.40	11
宿迁	0.47	10	0.39	13	0.71	5	0.35	13

（六）人才创新贡献指标

人才创新贡献指标包括专利申请、专利授权、有效发明专利、重大科技成果和新技术新产品新发现。表3-15a和3-15b为2018年江苏省设区市的人才创新贡献指标指数及排名情况。苏州、南京、无锡的人才创新贡献度居全省前三。其中,苏州在5项二级指标均排名第一,创新能力强劲;南京在重大科技成果方面排名第二;南通、无锡在专利申请方面分别位列第二、三位,优势明显。

表3-1-15a　2018年江苏省各设区市人才创新贡献指标指数及排名

设区市	B06人才创新贡献指标		B06人才创新贡献指标分类					
			B061专利申请		B062专利授权		B063有效发明专利	
	指数	排名	指数	排名	指数	排名	指数	排名
南京	0.88	2	0.72	3	0.88	2	0.89	2
无锡	0.76	3	0.70	4	0.70	3	0.73	3
徐州	0.31	9	0.35	11	0.45	7	0.27	8
常州	0.64	4	0.52	6	0.58	4	0.61	5
苏州	0.96	1	1.00	1	0.91	1	0.97	1
南通	0.61	5	0.72	2	0.50	6	0.64	4
连云港	0.20	11	0.28	13	0.26	11	0.13	11
淮安	0.15	12	0.30	12	0.20	12	0.09	12
盐城	0.30	10	0.58	5	0.38	9	0.21	10
扬州	0.40	7	0.44	8	0.41	8	0.26	9
镇江	0.53	6	0.46	7	0.55	5	0.54	6
泰州	0.36	8	0.40	9	0.35	10	0.28	7
宿迁	0.13	13	0.36	10	0.19	13	0.06	13

表 3-1-15b 2018 年江苏省各设区市人才创新贡献指标指数及排名

设区市	B06 人才创新贡献指标		B06 人才创新贡献指标分类			
			B064 重大科技成果		B065 新技术新产品新发现	
	指数	排名	指数	排名	指数	排名
南京	0.88	2	0.95	2	0.75	2
无锡	0.76	3	0.88	3	0.61	7
徐州	0.31	9	0.25	11	0.51	9
常州	0.64	4	0.76	4	0.70	3
苏州	0.96	1	0.97	1	0.86	1
南通	0.61	5	0.56	6	0.69	4
连云港	0.20	11	0.27	10	0.29	11
淮安	0.15	12	0.17	12	0.25	12
盐城	0.30	10	0.34	9	0.32	10
扬州	0.40	7	0.61	5	0.57	8
镇江	0.53	6	0.51	7	0.62	6
泰州	0.36	8	0.44	8	0.62	5
宿迁	0.13	13	0.16	13	0.17	13

第二章　江苏、广东、浙江人才竞争力的省际比较

面向未来发展，积极对标赶超，课题组选择广东、浙江两个发达兄弟省份，开展江苏人才竞争力的省际比较分析，明确特色优势，揭示差距问题，提出对策建议。总体来说，江苏人才竞争力居全国前列，但与广东、浙江相比，在未来人才增量、领军型人才队伍、发展平台载体、人才生活环境、人才体制机制等方面还存在一些问题和不足。解决这些问题的一条重要路径就是走产才融合发展道路，以产业聚人才、以人才促产业，实现人才发展与产业发展同向发力、同频共振，进而有效支撑"富强美高"新江苏建设。

一、省际比较

(一)人口发展态势

人口是区域人才竞争力的基础所在，很大程度上决定着一个省市的未来发展潜力和竞争力。在此选取人口规模、增量、增速、年龄结构、教育程度五个指标进行比较分析。总体来说，在全国层面，江苏省是人口大省，人口规模、教育程度优势比较明显，但人口增量、人口净流入、人口增长率在全国处于落后位置，未来人口老龄化问题会比较严重，未来发展形势不容乐观；与广东相比，江苏的人口总量、增量、增长率和15～64岁人口比重等方面均存在不小差距，唯一的优势在于人口教育程度略高于广东。与浙江相比，江苏当前人

口总量方面上有优势,但在影响未来人口趋势的增量、增长率、15～64 岁人口比重和人口教育等四个方面处于劣势。其具体情况如下:

在人口规模方面,江苏是人口大省,2018 年底常住人口为 8 051 万人,在全国排第五位。与广东、浙江相比,江苏人口规模低于广东(11 346 万),高于浙江(5 737 万),如图 3-2-1 所示。

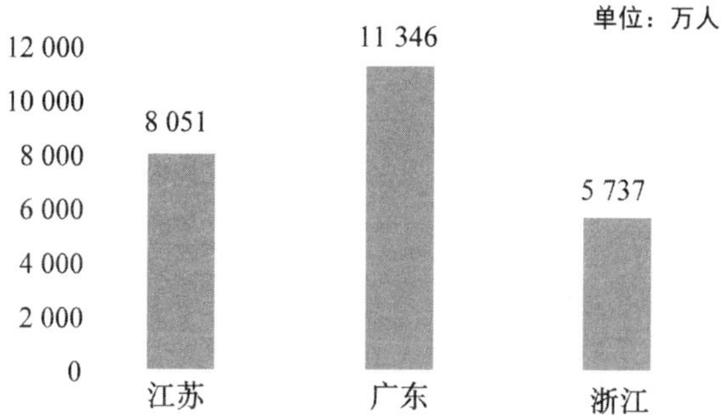

图 3-2-1　苏、粤、浙 2018 年末常住人口数比较

在人口增量方面,在省级层面,江苏人口增长相对较少,2018 年常住人口增量为 21.4 万人,在全国排第 15 位。而广东、浙江常住人口增量分别高达 177 万人和 80 万人,如图 3-2-2 所示,江苏与之相比差距不小。剔除同期人口自然增加数后,2018 年江苏常住人口净流入 3 万人,而同期广东、浙江分别净流入 84 万人、49 万人,江苏与其差距更大。在城市层面,2018 年南京、苏州新增常住人口分别为 10.1万、3.8 万,远少于深圳(49.8 万)、广州(40.6 万)和杭州(33.8 万)。2013-2018 年南京新增常住人口总量仅为深圳的 1/10、杭州的 1/4,苏州、无锡的人口增量更少。

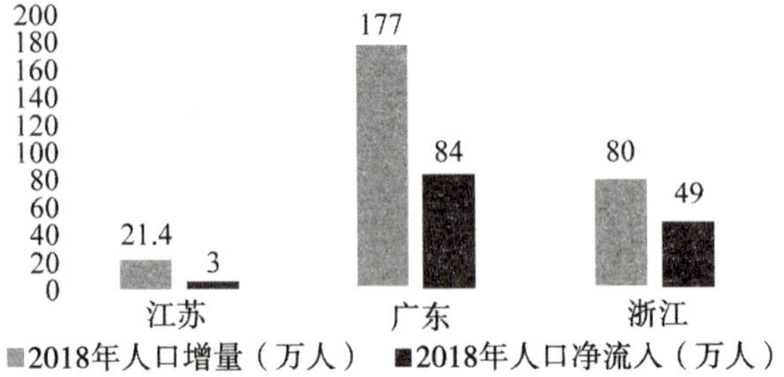

图 3-2-2　苏、粤、浙人口增量比较

在人口增速方面，江苏人口增速变慢。在人口自然增长率方面，2018 年江苏人口自然增长率是 2.29‰，在全国排第 26 位，仅高于东北三省和上海、天津。与广东、浙江相比，江苏远低于广东(8.24‰)和浙江(5.44‰)两省的人口自然增长率，如图 3-2-3 所示。在老龄化程度方面，江苏的老龄化率仅次于上海、北京，在全国排第 3 位，是老龄化程度最高的省份之一，也是高于广东和浙江。

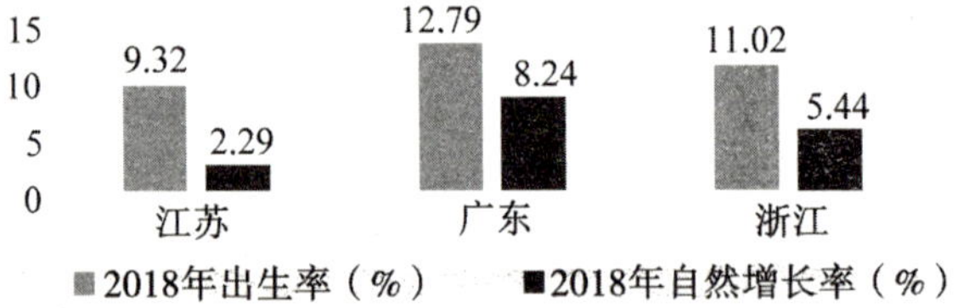

图 3-2-3　苏、粤、浙人口增速比较

在人口年龄结构方面，在 15～64 岁人口方面，根据国家人口抽样调查，江苏 2018 年 15～64 岁人口数比重为 72.0%，略低于广东(74.8%)和浙江(73.3%)。在总抚养比方面，江苏 2018 年的总抚养比和老年人口抚养比分别为 38.9%、19.90%，高于广东(33.6%、11%)、浙江(36.4%、17.70%)，未来抚养压力趋于更大。如图 3-2-4 所示。

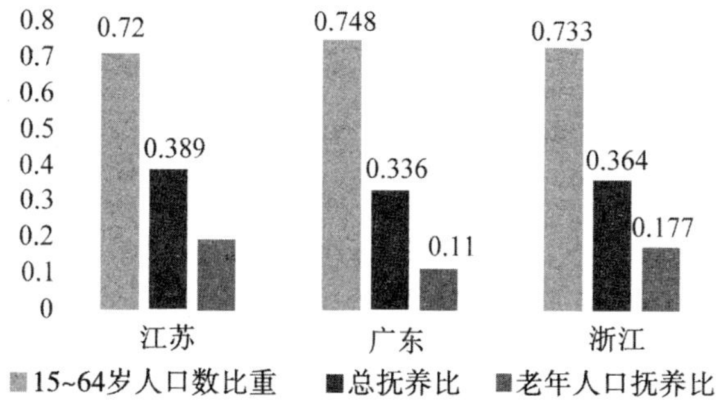

图 3-2-4　苏、粤、浙人口年龄结构比较

在人口教育程度方面，根据国家人口抽样调查，江苏 2018 年 6 岁及 6 岁以上大专及以上人口比重为 14.9%，高于广东(12.4%)、低于浙江(15.9%)，如图 3-2-5 所示。

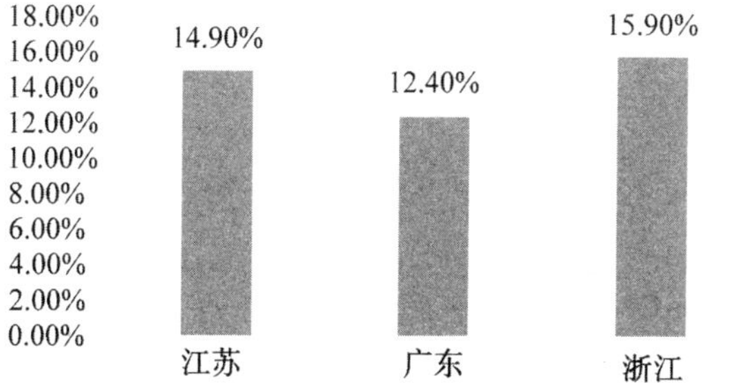

图 3-2-5　苏、粤、浙 6 岁及 6 岁以上人口教育程度比较

(二)人才资源情况

人才数量和质量是反映当前区域人才竞争力的核心内容。通过城镇单位就业人员、R&D 研究人员、高层次人才、国际人才、高校师生五个指标进行比较分析。总体认为，在全国层面，江苏人才资源在全国处于比较领先的地位，但人才质量需要进一步优化提升；

与广东相比，江苏在科技人才、高层次人才方面具有优势，但在城镇单位就业人员、国际人才方面处于劣势；与浙江相比，江苏各方面均存在数量上的优势。另据调查，江苏在国际领军型人才方面比较欠缺，缺少像任正非、马化腾、马云等走在产业发展前沿、富有创新创业精神、勇于参与国际竞争的企业家。其具体情况如下：

在城镇人才方面，2018 年江苏城镇单位就业人员为 1 472.59 万人，在全国排第二位，少于广东(1 994.14 万)，多于浙江(1 013.53)，如 3-2-6 所示。

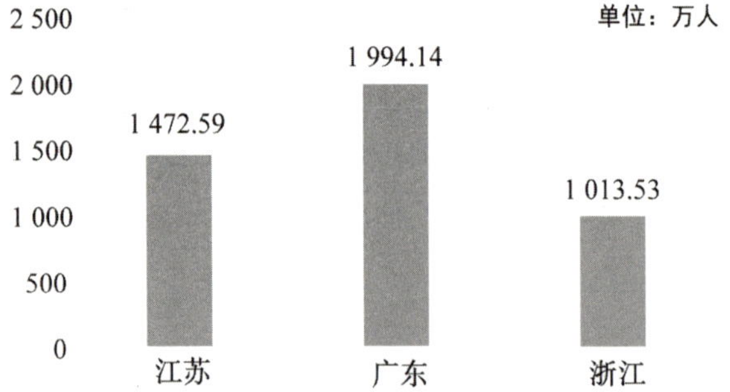

图 3-2-6　苏、粤、浙城镇单位就业人员数量比较

在科技人才方面，2017 年江苏 R&D 全时人员当量为 56.0 万人年，居全国第二位，略低于广东(56.5 万)，高于浙江(39.8 万)，科技人才规模在全国处于优势地位。江苏每万人平均 R&D 全时人员当量为 69.7 人年/万人，在全国排第四位，位居北京、上海、浙江之后，超过广东(50.6 人年/万人)，如图 3-2-7 所示。

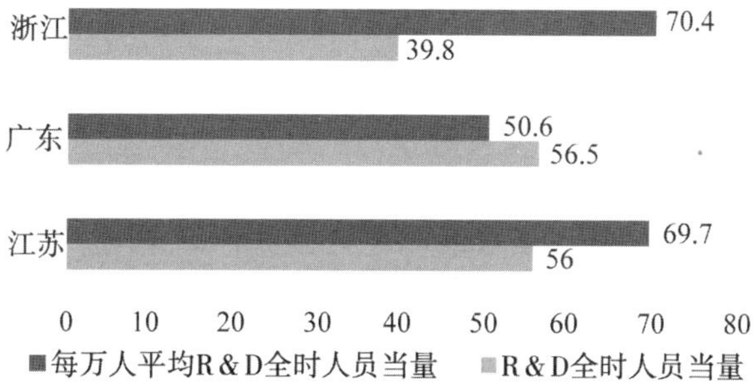

图 3-2-7　苏、粤、浙研发人员数量比较

在高层次人才方面，在苏两院院士、发达国家院士有 98 人，居全国首位。在近两次两院院士增选中，江苏新当选院士 13 名，低于北京（118 名）和上海（26 名）。江苏国家杰出青年基金获得者是广东的 2 倍，国家青年基金获得者在全国排名第二，紧跟北京之后。

在普通高校师生方面，江苏普通高等学校教职工总数多于广东、浙江，但招生数、在校生数、毕业（结业）学生数均少于广东、多于浙江，如图 3-2-8 所示。

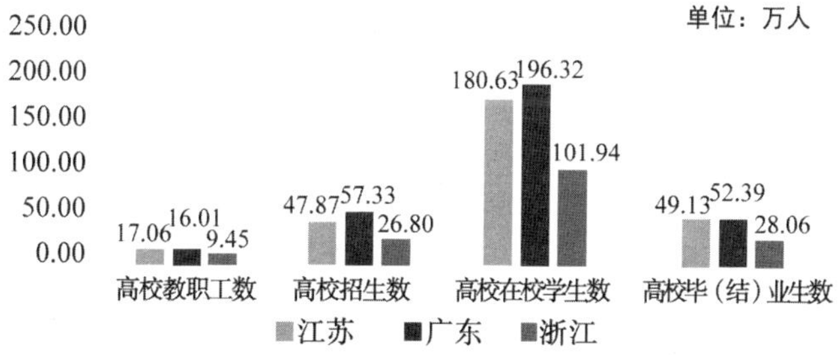

图 3-2-8　苏、粤、浙高校师生数量比较

在国际人才方面，根据《2017 中国区域国际人才竞争力报告》，上海、北京、广东和江苏排行前四，形成中国区域国际人才竞争力的第一梯队；浙江位列第五，居于第二梯队的首位。据国家外专局统

计数据，目前在上海工作境外人才已达 21 万人次，广东、北京也超过 15 万，而江苏不到 10 万。

(三)人才投入产出效能

人才投入和产出是反映区域人才竞争力的关键指标，体现了人才创新的贡献和效能。在此选择人才经费投入、创新绩效产出两个方面进行比较分析。总体认为，在全国层面，江苏的经费投入、创新产出都处于前列，但与广东还有一定差距；与广东相比，江苏的 R&D 经费投入总量、强度和 GDP、创新能力、发明专利授权量等 5 项指标全面落后于广东，仅在人均 GDP、万人发明专利拥有量两项指标上超过广东；与浙江相比，江苏全部 7 项指标上均保持优势。其具体情况如下：

在人才经费投入方面，根据《2018 年全国科技经费投入统计公报》，2018 年江苏 R&D 经费投入为 2 504.4 亿元，在全国排第二位，略低于广东(2 704.7 亿元)，高于浙江(1 445.7 亿元)。与此同时，江苏 R&D 经费投入强度为 2.70%，超过全国平均水平(2.19%)，低于广东(2.78%)、高于浙江(2.57%)。如表 3-2-1 所示。

表 3-2-1　苏、粤、浙 R&D 经费投入比较

省份	2018 年 R&D 经费/亿元	R&D 经费投入强度/%
江苏	2 504.4	2.70
广东	2 704.7	2.78
浙江	1 445.7	2.57

在地区生产总值(GDP)方面，2018 年江苏 GDP 为 9.26 万亿，位居全国第二，排在广东(9.73 万亿)之后，山东(7.65 万亿)、浙江(5.62 万亿)之前。在人均 GDP 方面，2018 年，江苏人均 GDP 为 11.5 万元/人，超过广东(8.64 万元/人)、浙江(9.86 万元/人)。如表 3-2-2 所示。

表 3-2-2　苏、粤、浙 GDP 比较

省份	2018 年 GDP/万亿元	2018 人均 GDP/(万元/人)
江苏	9.26	11.5
广东	9.73	8.64
浙江	5.62	9.86

在区域创新能力方面，根据《中国区域创新能力评价报告2019》，江苏在全国排第三位，位居广东、北京之后，在上海、浙江之前。根据该系列报告历史统计，江苏创新能力在 2016 年及以前连续 9 年居首位，2017 年被广东超过，2018 年被北京超过。

在发明专利数量方面，2018 年，江苏发明专利授权量 4.2 万件，少于广东(5.33 万件)，多于浙江(3.3 万件)。在人均发明专利数量方面，2018 年，江苏万人发明专利拥有量为 26.45 件，多于广东(21.90件)、浙江(23.6 件)两省。如表 3-2-3 所示。

表 3-2-3　苏、粤、浙发明专利比较

	发明专利授权量/万件	万人发明专利拥有量/件
江苏	4.20	26.45
广东	5.33	21.90
浙江	3.30	23.60

(四)人才发展平台载体

人才发展平台载体是吸引和承载人才资源，保障人才发展和作用发挥的重要事业载体，是区域人才竞争力的重要内容。在此选择产业高质量发展、行业领军企业、民营企业就业载体和高校院所4 个方面 10 个指标进行比较分析。总体上看，江苏大多数指标位于全国前列，但在高端产业载体上还需要补齐短板；与广东相比，江苏在高校数量、民营企业 500 强入选企业、科技孵化器等三项指标上具有一定优势，但在规模以上工业企业、战略性新兴产业集群、高技术

产业、高新技术企业、上市公司、独角兽企业、私营企业和个体工商户等体现产业发展广度和高度的七项关键指标上与广东差距非常明显；与浙江相比，江苏多数指标领先于浙江，但在民营企业500强入选企业、独角兽企业等两项反映领军型企业发展情况的指标上低于浙江。其具体情况如下：

首先在产业高质量发展上，在工业企业方面，2018年江苏规模以上工业企业数量为4 5675个，低于广东（47 456个）、高于浙江（40 586个），但利润总额在三省中最高，为8 491.90亿元，超过广东（8 309.70亿元）、浙江（4 452.10亿元），如表3-2-4所示。

表3-2-4　苏、粤、浙规模以上企业综合比较

省份	规模以上工业企业数量/个	规模以上工业企业资产总计/亿元	规模以上工业企业主营业务收入/亿元	规模以上工业企业利润总额/亿元
江苏	45 675	119 590.90	128 085.60	8 491.90
广东	47 456	124 284.20	135 616.10	8 309.70
浙江	40 586	77 666.70	68 653.80	4 452.10

在战略性新兴产业集群方面，根据国家发改委2019年公布的第一批66个国家级战略性新兴产业集群，江苏有3家，与浙江、四川并列全国第十位（山东7家，广东6家，湖南5家，北京、上海、湖北、安徽、福建、河南都是4家）。江苏3个国家级战略性新兴产业集群分布在苏州、常州、徐州，南京作为省会城市却无一入选，在这方面与武汉（4个）、深圳（3个）、合肥（3个）、天津（2个）、广州（2个）、杭州（2个）、成都（2个）、郑州（2个）、厦门（2个）、大连（2个）、青岛（2个）的差距还是很明显的。

在高技术产业方面，2017年江苏高技术企业数量为5 207个，高技术产业就业人数为243.5万人，高技术产业主营业务收入为8 852亿元，高技术产品出口额为1 386.5亿美元，四项指标均在全国排第二位，均少于广东、多于浙江，如表3-2-5所示。

表 3-2-5　苏、粤、浙高技术产业比较

省份	高技术企业数量/个	高技术产业就业人数/万人	高技术产业主营业务收入/亿元	高技术产品出口额/亿美元
江苏	5 207	243.5	8 852	1 386.5
广东	6 832	405.0	18 693	2 170.4
浙江	2 699	73.7	3 417	186.5

在科技企业孵化器方面，截至 2018 年，江苏各类科技企业孵化器达 720 家，国家级孵化器 175 家，国家级孵化器数量、面积及在孵企业数连续多年位居全国首位。江苏 2017 年科技企业孵化器当年毕业企业数为 3 223 家，在全国居首，超过广东（2 650 家）和浙江（1 522家）。

其次在行业领军企业发展上，在沪深交易所 A 股上市公司方面，截至 2018 年，江苏以 400 家在全国排第三位，低于广东（586 家）、浙江（431 家）。根据 2018 年 A 股首次公开募股（IPO）的 184 家区域分布，江苏、浙江、广东以 22 家、20 家、17 家位居全国三甲。根据 2018 年内地企业赴港上市的 90 家区域分布，江苏 7 家，在全国排第四位，位居广东（21 家）、上海（20 家）、北京（15 家）之后，多于浙江（3 家）。

在高新技术企业方面，2018 年江苏拥有 2 万多家高新技术企业，比广东省（4 万）少一半，但多于浙江（1.5 万家），如表 3-2-6 所示。

表 3-2-6　苏、粤、浙高新技术企业和上市企业比较

省份	高新技术企业/个	沪深交易所 A 股上市公司/个
江苏	2.0 万＋	400
广东	4.0 万＋	586
浙江	1.5 万	431

在独角兽企业方面，根据《2019 三季度胡润大中华区独角兽指数》，江苏南京拥有独角兽企业 11 家，在全国排第五位，位于北京

(87家)、上海(48家)、杭州(21家)、深圳(19家)之后,在广州(9家)之前。

在民营企业就业载体发展上,2018年江苏省的私营企业、个体工商户数量分别为286.79万户、590.10万户,均低于广东(447.07万、649.36万),高于浙江(206.81万、422.63万),如表3-2-7所示。

表3-2-7 苏、粤、浙私营企业与个体工商户比较

省份	私营企业/万户	个体工商户/万户
江苏	286.79	590.10
广东	447.07	649.36
浙江	206.81	422.63

在民营企业500强方面,根据全国工商联发布《2019年中国民营企业500强报告》,江苏入选500强的民营企业数量为83家,在全国排第二位,低于浙江(92家)、高于广东(60家)。

在高校院所平台发展方面,江苏是科教大省,名校院所众多,有167所大学,高校数列全国首位,均多于广东(152所)、浙江(108所);"双一流"大学15所,拥有各类独立研发机构750多家。

(五)人才生活环境

人才生活环境是吸引、留住和保障人才发展的重要因素,是区域人才竞争力的重要内容。选择居民收入和支出、成长单位人员工资、人均个人所得税等指标进行比较分析,江苏人才生活环境良好,但仍需在关键指标上再上新台阶。与广东相比,江苏居民人均收入和消费支出与广东基本相当,但在股份有限公司、有限责任公司的就业人员平均工资低于广东;与浙江相比,江苏人均收入和消费支出均低于浙江,城镇国有单位就业人员平均工资与浙江存在一定差距。具体情况如下:

在居民收入和支出方面,江苏人均收入和消费支出低于浙江,与广东相当。在居民收入方面,2018年江苏人均可支配收入38 096

元，明显低于上海(64 183 元)、北京(62 361 元)、浙江(45 840 元)，略高于广东(35 810 元)；在消费支出方面，2018 年江苏人均消费支出 25 007 元，低于浙江(29 471 元)、广东(26 054 元)，如图 3-2-9 所示。

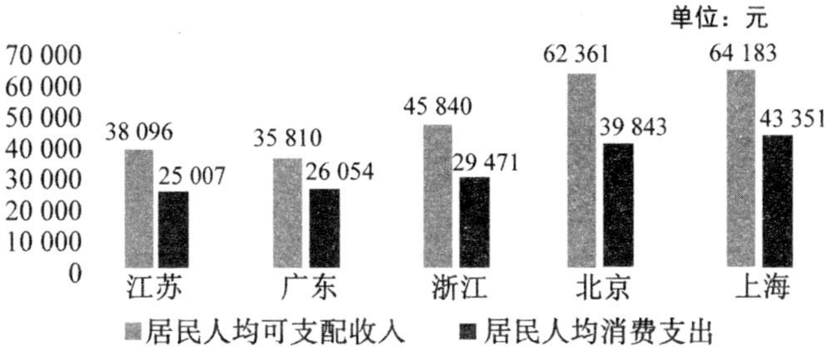

图 3-2-9　苏、粤、浙居民人均收入与支出比较

在城镇单位人员工资方面，江苏就业人员平均工资约为 85 000 元，略低于浙江、广东。在城镇国有单位，江苏就业人员平均工资为 11.4万元，与广东相当，均比浙江约少 20 000 元；在股份有限公司，江苏就业人员平均工资约为 89 000 元，与浙江相当，比广东约少 24 000 万元；在有限责任公司，江苏就业人员平均工资约为 72 000 万元，略高于浙江，比广东少 1 万多元，如图 3-2-10 所示。

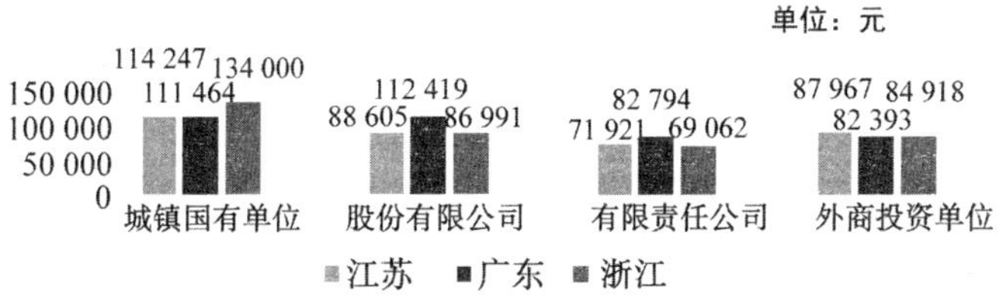

图 3-2-10　苏、粤、浙各类型就业人员平均工资比较

在人均个人所得税方面，人均个税越多，反映的个人收入越高。根据各省“两会”相关数据，2018 年江苏实现个税收入 468 亿元，低于广东(868 亿元)，与浙江(465 亿元)基本相当。但江苏的人均个

税是 581.29 元，与广东(765.03 元)、浙江(810.53 元)存在不小差距，如图 3-2-11 所示。

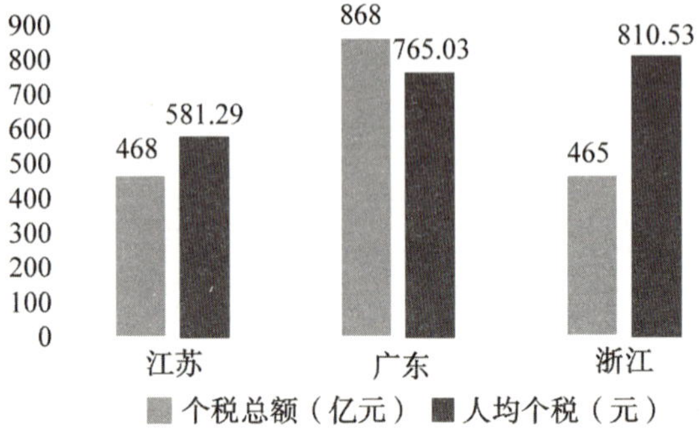

图 3-2-11　苏、粤、浙人均个人所得税比较

在城市房价方面，安居网 2019 年统计如表 3-2-8 所示，位于前 15 的城市里，江苏有南京、苏州入选，排在第六、十五位；广东有深圳、广州、珠海入选，排在第二、五、十一位；浙江有杭州、宁波、温州、义乌城市入选，排在第八、十、十三、十四位。南京房价为 2.86 万/平方米，低于深圳和广州，略高于杭州。整体而言，江苏房价在全国处于较高位置，但低于广东和浙江。

表 3-2-8　2019 年安居网城市房价排名前 15 名

排名	城市	房价
1	北京	58 585 元/平方米
2	深圳	54 782 元/平方米
3	上海	50 931 元/平方米
4	厦门	45 950 元/平方米
5	广州	31 560 元/平方米

续表

排名	城市	房价
6	南京	28 584 元/平方米
7	三亚	28 506 元/平方米
8	杭州	27 044 元/平方米
9	福州	24 345 元/平方米
10	宁波	22 673 元/平方米
11	珠海	21 100 元/平方米
12	天津	20 957 元/平方米
13	温州	20 814 元/平方米
14	义乌	20 458 元/平方米
15	苏州	19 557 元/平方米

在百强县市、百强区方面，根据《2019 年度全国综合实力百强县市》《2019 年度全国综合实力百强区》，江苏有 24 县市和 21 区上榜，在全国居首位；浙江分别为 15 个和 18 个；山东为 13 个和 12 个；广东为 1 个和 15 个，呈现出“县弱区强”的特征。

在地方人才法规建设方面，广东省于 2018 年 11 月在省级层面率先颁发《广东省人才发展条例》，加上之前先后出台《关于促进中国(广东)自由贸易试验区人才发展的意见》等一系列政策，深圳市出台“人才新政 81 条”，积极建设全国人才管理改革试验区，打造高层次科技人才聚集高地。目前，江苏尚未出台人才发展条例，需要加快人才法制法规建设。

在教育、医疗、交通、文化旅游等方面，江苏、浙江、广东均在全国具有较强竞争力的，互有优势和特色，如表 3-2-9 所示。

表 3-2-9　苏、粤、浙教育、医疗、交通、文化旅游关键指标比较

项目	江苏	广东	浙江
教育经费支出/亿元	3 367.54	2 402.09	1 890.81
2019 高考报名人数/万人	33.90	76.00	32.00
医院数/个	1 853	1 553	1 288
城市每万人医疗机构床位数/张	82.50	73.80	91.10
轨道交通客运量/万人次	155 924	495 175	65 422
博物馆机构数/个	329	184	337
博物馆参观人次/万人次	9 518.83	5 511.98	7 005.39
人均公园绿地面积/(平方米/人)	14.66	18.34	13.73
城市绿地面积/万公顷	29.38	48.54	16.74

二、问题与对策

根据前述的比较分析和调查研究，可以发现，江苏人才竞争力在全国层面是具有明显优势的，但面向未来发展、对标赶超的目的，江苏仍还存在人口增长不足、人才结构亟待优化、高端人才载体不足、人才创新机制有待完善等问题。解决这些问题的一条重要路径就是走产才融合发展道路，以产业聚人才、以人才促产业，实现人才发展与产业发展同向发力、同频共振，进而助推区域高质量发展和“富强美高”新江苏建设。

（一）破解未来人口发展难题，建立人口和人才增长机制

根据比较分析，江苏人口增量和增速都不容乐观，2018 年常住人口增量为 21.4 万人，在全国排第十五位；人口自然增长率是 2.29‰，在全国排第二十六位，仅高于东北三省和上海、天津；老龄化

率仅次于上海、北京，在全国排第三位，是老龄化程度最高的省份之一；与广东、浙江相比，差距较大，这将影响和制约江苏未来长期的高质量、可持续发展。

针对这个问题，一是要以人口振兴战略促进人口增长，采取措施鼓励和保障二胎、三胎生育，妥善解决抚育过程中的医疗保障、婴幼看护、学前教育、义务教育、女性就业等若干关键问题；进一步放宽落户等政策限制，发挥江苏在经济、社会、文化、生活条件、自然环境等诸多优势，构筑有利于人口持续流入的“蓄水洼地”，打造省外人口来苏成家立业、安居乐业的良好氛围。二是要以国家主战略助推区域人才一体化发展，主动策应“一带一路”、长江经济带、长三角区域一体化发展战略，打破行政区域壁垒，主动对接上海，携手浙江安徽，加强人才、科技、产业互动合作，共同集聚全球创新资源，打造创新发展共同体；立足 G42 沪宁沿线苏南五市，先行启动人才创新走廊建设，推动沿线地区共同编制发展规划、共同布局重点产业、共同谋划人才发展；服务长三角生态绿色一体化发展示范区建设，谋划实施人才特殊支持计划。三是要以先进制造业集群引进和集聚各类人才，围绕 13 个先进制造业集群发展要求，编制全球人才分布地图，精准配置人才资源，提高产才匹配度；加强前沿科技和未来产业研判分析，系统布局“高精尖缺”和“卡脖子”领域人才的培育、引进、储备，提升产业未来发展潜力。

（二）破解引才留才用才难题，壮大产业与创新载体建设

江苏省高新技术企业突破 2 万家，但大而不强的特征比较明显，具有全产业链控制力的龙头型企业和产业单项冠军还不多，鲜有像华为、腾讯、大疆、阿里这样的大企业，独角兽企业数量与北京、上海、广东、浙江等省市差距明显，吸引和承载大量高端人才、青年人才的企业平台还不够。江苏数控机床产业发展水平位居全国第二，但领军人才数量仅 20 人左右，落后于北京、辽宁、陕西和上海。此外，近年来发达兄弟省市通过设立重大创新平台吸引高端人才，比如浙江之江实验室，聚焦网络信息技术前沿，一年之内聚集了 18

名国内院士；深圳鹏城实验室总投资达135亿元，预计建成后将吸引2万名科研人员；上海张江实验室，建设大科学装置集群，招募全球顶尖科学家加盟，等等。在这些大产业、大企业、大平台的聚集效应下，大量人才流向北上广浙。根据调查，年轻人才更看重的是“个人发展前景”和“事业发展平台”，高校学生毕业离开南京，八成以上选择去了房价更高的北上广深等一线城市，原因是这些城市有华为、腾讯、百度等具有全球影响的领军企业。

针对此问题，应聚焦企业主力军，既要突出龙头企业，又要重视中小企业，扩增招才聚才“用武之地”。一是要培育壮大高端的领军型企业，集聚高端人才和创新人才，按行业和区域支持一批创新能力强、引领作用大、发展潜力好的领军型企业，建立挂钩联系制度，健全协商会办机制，给予“一企一策”支持，“特事特办”、排忧解难；支持建设平台型公司、产业创新联盟，发挥领军型企业在产业发展和集聚人才中的龙头带动作用。二是要培育发展大量的中小微企业，吸引和承载大量的各领域各层次人才在苏就业，加大政策支持力度，为中小微企业“雪中送炭”，并防止政策支持中的“马太效应”；大力推进减税降负，营造公平营商环境，推动中小微企业向“专精特尖”发展，培养一大批具有国际竞争力的单项冠军和隐形冠军。三是要设立重大创新平台吸引高端创新人才，发展创新平台载体，积极争取国家重点实验室、大科学装置建设，大力发展战略性新兴产业集群，做好高端创新创业人才的平台载体支撑。四是要加快科技企业家队伍建设，紧密结合战略性新兴产业和未来产业，以更大力度、更实举措实施科技企业家支持计划，着力培育一大批既通科技、又懂市场的复合型创新创业人才，储备更多有知名度、有感召力的科技企业家。

（三）破解人才素质结构优化难题，创新产教融合机制

江苏省在产业人才结构方面，“初级工多、高级工少，传统型技工多、现代型技工少，单一型技工多、复合型技工少，短训速成的技工多，系统培养的技工少”的结构特点明显。适合全球化要求的年

轻工程师不到美国的 1/3，国际化工程师占全部工程师比例不到 8%，低于印度的 25%，工程技术人才人均所创造的产值仅是美国的 1/16、德国的 1/13。在劳动者素质方面，江苏省劳动者平均受教育年限为 9.52 年，仅列全国第七位，低于发达国家的人均 12 年（加拿大 14.6 年、英国 14 年、美国 13.4 年、日本 11.1 年）；三次产业就业人口受教育年限分别为 6.99 年、9.45 年和 10.89 年，相当于初中水平。与此同时，江苏省高校院所学科专业和产业的契合度不高，国家“双一流”建设学科名单中，江苏共入选 43 个，仅有 60%与江苏优势产业紧密关联。高层次人才的学术背景与产业创新发展关联不够，31 位科学院院士分布在数学物理学部、化学和地学部，其中 21 位主要从事地质、天文、古生物等纯基础研究，与当前产业创新无直接关联；人工智能、基因编辑、量子科学等引发产业变革的专业领域，全省暂无入选院士。

针对此问题，应聚焦科教资源优势，加大产教融合和联合培养人才。一要深化人才培养供给侧改革，以主导产业为指向，围绕产业链部署学科链、集聚人才链，优化学科专业体系，推动高等教育与产业体系融合接轨；健全研究型人才和应用型人才分类培养体系，提高应用型人才培养比重，建立学历与技能并重的人才培养模式。二要深入实施“引企入教”改革，支持校企联合共建产业学院、“双创”基地、实训基地，促进企业需求融入人才培养环节，提高毕业生的创新能力和实践水平。三要深化产教协同创新，持续实施“科技镇长团”“产业教授”“科技副总”等工程计划，带动全国高校院所专家人才活跃在创新一线，推动高校与企业创新资源深度对接。

（四）破解人才创新成果转化难题，改革科技体制机制

江苏是科教大省，名校名企、大院大所众多，有 167 所大学，在校大学生 200 万人，“双一流”大学 15 所。在苏两院院士、发达国家院士 98 人，高校数、院士数、国家科技奖获奖总数均列全国首位，拥有各类独立研发机构 750 多家，研发人员 80 多万人。但高校院所的大量科研成果“养在深闺人未识”“躺在抽屉睡大觉”，存在科教优势

向产业优势转化的“中梗阻”。据有关部门研究显示，全省高校院所每年只有5%的原创成果可应用转化，转化后能产生经济效益的仅占被转化成果的30%左右，科研导向与产业需求尚有较大距离。

针对此问题，应聚焦体制机制改革，加快科技成果向产业转移转化。一是深化改革，要突出市场导向，把市场评价作为人才评价的依据，将人才享受的薪酬待遇、创造的市场价值、缴纳的所得税收、获得的创业投资等作为人才项目的重要衡量指标；把市场回报作为人才回报的根本，推广协议工资制、项目工资制，鼓励实施股权、期权、分红激励，提高人才待遇的市场竞争力，支持人才一朝致富、名利双收；要体现公平竞争，在人才评价上，破除唯论文、唯职称、唯学历、唯奖项等偏向，健全完善涵盖品德、知识、能力、业绩和贡献等要素的分类评价体现；在人才流动上，进一步打破户籍、身份、学历、人事关系等制约，促进城乡、区域、行业和不同所有制之间人才协调发展。落实鼓励激励、容错纠错、能上能下“三项机制”，打破“以成败论英雄”的惯性思维，建立健全尽职免责机制，对未取得预期成效但已履职尽责的，免于追究实施主体和相关人员责任。二是破除障碍，着力清除一切束缚创新驱动发展的“过时制度”，赋予用人主体和人才更多的科研决策自主权、成果转移转化权、收益分配决定权，以利益分配为核心、以绩效考核为导向，加大体制机制改革力度，推动更多科研成果走出院校、走进企业，成为推动产业发展的重要动力。三是出台政策，将产才融合工作情况作为对在苏高校进行考核或重点支持的重要依据，引导高校围绕江苏产业发展实际开展教学、培训、科研和社会服务。四是推广经验，支持高校科研院所学习借鉴江苏产业技术研究院的经验做法，面向市场需求和产业发展，对高校院所基础研究成果开展二次研发，打通了科技成果转化“最后一公里”。

（五）破解人才引领园区升级难题，深化“双招双引”机制

江苏省开发园区是产业集群、人才集聚的前沿阵地。全省158家省级以上开发园区，集聚了80%以上的高新技术企业和新引进高

层次人才，创造了50%以上的经济总量和财政收入。面对人才竞争异常激烈、要素成本持续上升、资源环境约束趋紧、区域竞争日渐激烈等诸多困扰，开发园区向现代产业园区转型升级任重道远。

针对此问题，应聚焦园区主阵地，同步打造人才高地、创新高地、产业高地的主阵地。一是要建立“双招双引”联动机制，统筹谋划产业规划与人才规划、产业资金与人才资金、产业项目与人才项目，同步部署项目、人才、技术、资本等要素集聚，通盘布局招商引资和招才引智工作；同时，创新实施“双招双引”联动考核，对引进的人才项目，按招商项目投资额度的一定比例进行考核，把招才引智工作成效纳入综合考核范围，作为评先评优、表彰奖励、提拔使用等方面的重要依据。二是要充分放活体制机制，在管理上，把简政放权作为改革重点，把激发企业活力作为关键，以政府的更好作为换取市场的有效作用；在用才上，着力破除体制、身份、地域障碍，落实人才“周转池”“双落户”“员额制”等政策，鼓励柔性引才、弹性用才，推进“创新在高校、创业在园区”。三是要精心打造一流环境，以打造创新创富、宜居宜业、开放包容的发展环境和创新生态为目标，着眼于集聚人才、提升人气，同步推进产、才、城融合发展，加强开发区与城市基础设施和公共服务设施的有机衔接，进一步完善生产、生活、生态功能配套；营造高效便捷、公平竞争的创新创业环境，大力发展人力资源市场、人才猎头机构、人才服务组织，将园区打造成审批环节最少、办事速度最快、创业成本最低、服务质量最好、创业成功率最高的区域。

（六）破解人才相关部门协同难题，建立协同联动工作机制

产才融合发展是一项系统性工程，涉及面广、关联度高、耦合性强，需要各地各部门加强协同、相互支持。目前，部门协同配合还存在一些困难和不足。思想上还一定程度存在“重物轻人、厚产薄才”“重招商引资、轻招才引智”的片面认识；组织上出现“产业部门不抓人才，人才部门不抓产业”的“两张皮”现象，一段时期成为困扰产才融合的制度难题；政策上，江苏省出台了不少支持产业发展

和人才创新的政策举措，但一些旧问题没有解决、好政策没有落地的现象还不同程度存在，一个原因就是政策配套不够、协调联动不力。

针对此问题，要聚焦产才融合工作机制，建立部门协同联动的工作机制；树立“一盘棋”的理念，打破思想藩篱和部门利益，破除各自为政、单打独斗的现象，强化部门之间协调联动。一是各部门在政策资源支持上要相互衔接、形成合力；各部门要树立产才融合发展的导向，在制定产业发展规划、科技创新政策、人才支持举措时，尤其是对重大产业项目、前沿科技项目、顶尖人才项目，各方面要多方参与、共同发力，形成集中资源、集成支持的叠加效应。二是各部门根据职责分工共同支持产才融合发展，人才部门要主动分析产业发展现状和趋向，引导人才向发展一线集聚；产业部门要自觉发挥第一资源作用，在重大工程实施、重点项目推进、重要载体建设中，把人才评估作为必要环节；教育、科技部门要引导高校院所调整优化学科专业，支持人才创新创业，加强科研成果转移转化；公安、外事部门要为人才及“双招双引”提供出入境便利；人社、住建、卫生等部门要为人才生产生活提供服务保障。三是强化地方、部门和单位的考核激励，坚持分层分类考核，对市县、园区重点考核产业集聚人才、人才引领产业发展情况；对机关部门重点考核支持人才发展、抓行业人才队伍建设情况；对高校院所重点考核人才培养质量、人才发展水平、科研成果转移转化情况。四是加快法制建设，优化服务环境，加快出台省人才发展条例，完善地方人才法制法规环境；强化人才服务，着力打造人才服务领先之地、人才市场发达之地、人才生活无忧之地、人才文化浓郁之地；优化共性服务，对人才长期关注、重点关心的普遍性问题，如科研进修、人才住房、子女教育、家属随迁等，努力创新政策解决实质性问题；探索个性服务，对人才提出的迫切需求、合理诉求，因地制宜、因人施策，探索个性化的解决办法；深化专业服务，大力发展人才服务业，鼓励社会化专业性力量，培育壮大人才服务机构和平台，为人才提供“定制式”服务。

第四篇

江苏省人才发展专题评估与研究

第一章　江苏特聘教授计划绩效研究

受江苏省教育厅委托，江苏人才发展战略研究院作为第三方对江苏特聘教授计划（2010—2018）进行了绩效研究，通过情况调度、调研座谈、统计分析、对策研究等方式，形成了《江苏特聘教授计划绩效研究报告》，具体报告如下：

一、总体工作

江苏特聘教授计划是江苏省人民政府专项设立的在全省普通本科院校实施的人才计划，旨在面向海内外引进一批高层次人才，推动若干学科赶超国内外先进水平，提升高校人才培养质量和科技创新能力，扎实推进高水平大学建设。江苏特聘教授计划 2010 年启动实施，制定了《江苏特聘教授选聘办法》（简称《选聘办法》），计划每年选聘江苏特聘教授 70 名，到 2020 年入选总数达到 600 名。根据统计，截至 2019 年 6 月，已经选聘 9 批 464 位江苏特聘教授，覆盖全省 31 所本科院校，平均年龄 38 周岁，85%来自海外高水平大学和顶级科研院所；50%以上人员受聘后入选国家级和省部级高层次人才项目；多人获得国家自然科学类三大奖、国家级教学成果奖、国家级教学名师奖等奖项，担任 973 首席科学家；95%的江苏特聘教授在聘期结束后继续留在原选聘高校工作，为江苏高等教育持续快速发展积淀了深厚动力。其主要做法包括以下几点：

（一）制定选聘办法，规范选聘流程

2010 年，江苏省出台《江苏特聘教授选聘办法（试行）》，明确了江苏特聘教授的岗位职责、选聘条件、选聘程序、支持方式及考核管理办法，体现了选聘管理工作的规范性。经过多年具体实践工作的探索与验证，2017 年，江苏省出台《江苏特聘教授选聘办法》，进一步修改完善了选聘工作的标准和流程。特聘教授实行岗位聘任制，按需设岗、公开招聘、专家评审、择优聘任、合同管理、目标考核。省教育厅每年下达江苏特聘教授申报指标，相关高校自主确定招聘岗位，面向海内外特别是海外公开招聘符合条件的人选。江苏特聘教授计划实行用人单位申报制，由主管部门进行资格审查，体现了政府简政放权、用人主体主体用人的思路。邀请院士等高层次专家进行同行评议，将评价权和话语权交给学术圈专业人士，体现了评审的专业性和客观性。主管部门对专家评审通过人员进行考查核实，监督入选人员按时全职全时到岗，对入选人才队伍建设遵循“放管结合、整体把关”的原则。

（二）聚焦重点领域，强化岗位设置

江苏特聘教授岗位设置服从和服务于江苏经济社会发展和高等教育改革发展需要，坚持突出重点、合理布局、保证质量、注重实效，做到与国家和省科学研究规划相结合，与高校重点学科、新兴交叉学科建设和战略性新兴产业领域相结合，与加强高校教育教学、提高人才培养质量相结合。特聘教授岗位在二级学科设置，所在学科对应我省经济社会发展重点领域，一般为国家“双一流”（一流大学、一流学科）和江苏高水平大学建设相关专项（优势学科建设工程、品牌专业建设工程、协同创新计划），省部级及以上重点学科、重点实验室、工程（技术）研究中心、重要科研基地等。

（三）加大经费投入，实施多元支持

在科研经费上，省财政每年专项经费 9 000 万元左右。对自然科学类、人文社会科学类特聘教授分别提供 200 万元/人、100 万元/人的科研经费，对自然科学类特别优秀的科研经费增至 400 万元/人（每年 15 人），分三年下达；省财政对省属、部属高校资助比例分别为 50％和 25％，其余由学校资助。在奖金待遇上，江苏特聘教授聘期3年内，每人每年享受省财政12万元奖金（部属高校资助50%，免征个人所得税），同时享受高校提供的工资、福利等待遇。在条件保障上，鼓励高校为特聘教授提供良好的工作和生活条件，配备必要的学术骨干，妥善解决特聘教授出入境、居留、落户、子女入学等事宜。在科研项目上，支持申报重大科研项目，支持特聘教授在聘期内研发高新技术、转化科技成果、发展高新技术产业，并按照规定获取相关产权收益。

（四）实行聘期目标管理，完善考核评估制度

考核分为两个方面，一方面是针对个人的中期考核、期满考核，另一方面是针对高校的年度报告、绩效评价。对期满人员，重点考核特聘教授在科学研究、人才培养、团队建设、服务经济社会发展等方面的情况，建立用人单位考核、省考核委员会考核的多层次考核机制，组织高层次专家对期满人员培养情况进行判定和评价。对用人高校，每年向主管部门提交年度报告，综述其对入选人员的培育规划、条件保障、经费投入、岗位管理方面的成效、问题及建议，作为省教育厅对高校上一年度绩效评价的重要参考。绩效评价重点考评高校的培养规划与保障、特聘教授取得的标志性成果等，绩效评价结果作为江苏高水平大学建设绩效评价依据。

二、主要成效

（一）人才规模与结构

1.总体情况

2010年以来，江苏省持续实施“江苏特聘教授计划”，按照“高端引进、全职聘任、创新机制、营造环境”的思路，每年面向海内外选聘70位行业专业前沿的领军型、创新型、综合型人才。根据统计，全省共选聘9批464位江苏特聘教授，选聘人数逐年上升，如表4-1-1所示。

表 4-1-1　省特聘教授历年数量情况　　单位：人

年份	2010	2011	2012	2013	2014	2015	2016	2017	2018	合计
数量	19	42	46	45	54	55	58	70	75	464

2.人才年龄结构

人才年龄结构趋于稳定并呈现年轻化趋势，2010 年的特聘教授入选年龄平均为 44 岁，2018 年入选年龄平均为 36 岁。平均入选年龄为 38 岁如图 4-1-1 所示，最小年龄 28 岁，为徐州医科大学临床医学的罗兰；最大年龄 56 岁，为苏州科技大学材料科学与工程专业的白仁碧；超过 45 岁的共有 63 人，占比为 13.6%。

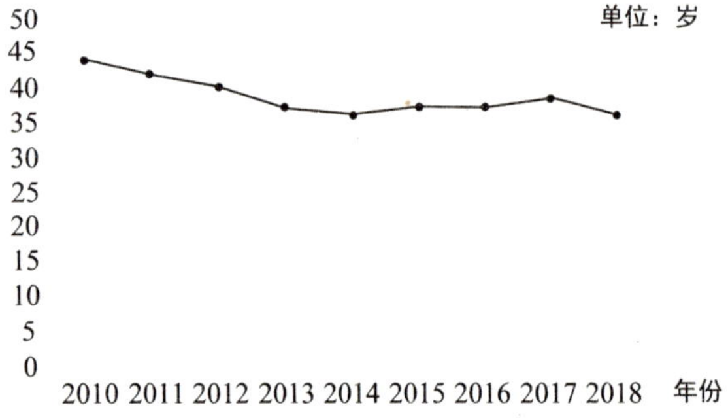

图 4-1-1　省特聘教授入选时平均年龄情况

3.人才性别结构

省特聘教授中，男性 358 人，占比 84%；女性 66 人，占比 16%，如图 4-1-2 所示。

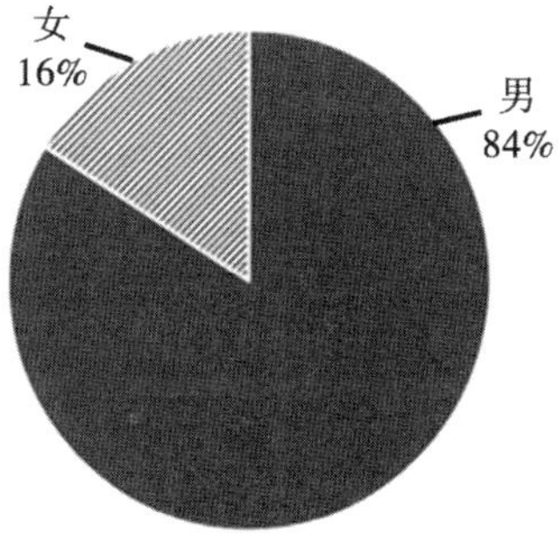

图 4-1-2　省特聘教授人才性别结构图

4.所在高校情况

2010 年全省共 10 所高校入选省特聘教授，截至到 2018 年省特聘教授共覆盖 31 所高校，如表 4-1-2 所示。数量排名前十的高校为苏州大学、南京工业大学、南京医科大学、江苏大学、南京信息工程大学、徐州医科大学、南京林业大学、南京师范大学、南京大学、东南大学等。

表 4-1-2　　江苏省各高校入选省特聘教授情况表　　单位：人

排名	学校	2010年	2011年	2012年	2013年	2014年	2015年	2016年	2017年	2018年	总量
1	苏州大学	4	3	4	4	4	4	4	5	4	36
2	南京工业大学	2	2	5	4	4	5	4	4	4	34
3	南京医科大学	2	2	3	3	3	4	5	4	3	29
4	江苏大学	1	4	3	3	3	3	4	4	4	29
5	南京信息工程大学	1	3	3	3	3	2	2	3	5	25
6	徐州医科大学	0	2	2	1	1	4	4	5	4	23

续表

排名	学校	2010年	2011年	2012年	2013年	2014年	2015年	2016年	2017年	2018年	总量
7	南京林业大学	1	2	1	3	3	3	4	3	2	22
8	南京师范大学	4	0	1	2	4	1	2	4	4	22
9	南京大学	0	3	1	2	3	2	3	4	3	21
10	东南大学	0	0	5	2	2	2	1	3	3	18
11	扬州大学	0	1	2	1	2	0	2	5	4	17
12	河海大学	0	0	2	2	2	3	2	2	3	16
13	南京航空航天大学	0	1	2	2	1	2	3	2	3	16
14	南京理工大学	0	2	1	1	2	2	3	2	3	16
15	南京邮电大学	1	2	1	1	2	2	2	1	4	16
16	南京中医药大学	2	1	0	1	1	2	2	2	4	15
17	江苏科技大学	0	2	1	0	1	2	2	3	3	14
18	南通大学	1	1	1	1	2	2	1	2	3	14
19	中国药科大学	0	2	1	2	3	1	2	1	2	14
20	江南大学	0	0	2	1	2	3	2	2	1	13
21	南京农业大学	0	1	2	3	1	1	1	1	2	12
22	江苏师范大学	0	1	1	1	2	1	0	3	2	11
23	中国矿业大学	0	2	1	1	1	1	0	2	2	10
24	常州大学	0	1	1	1	1	0	2	1	1	8

续表

排名	学校	2010年	2011年	2012年	2013年	2014年	2015年	2016年	2017年	2018年	总量
25	苏州科技大学	0	2	0	0	0	1	0	1	0	4
26	南京财经大学	0	0	0	0	1	1	0	0	1	3
27	南京审计大学	0	2	0	0	0	0	0	0	0	2
28	淮海工学院(江苏海洋大学)	0	0	0	0	0	1	0	0	0	1
29	淮阴工学院	0	0	0	0	0	0	1	0	0	1
30	江苏理工学院	0	0	0	0	0	0	0	0	1	1
31	南京工程学院	0	0	0	0	0	0	0	1	0	1
	合计	19	42	46	45	54	55	58	70	75	464

4.区域分布情况

全省入选人才高度集中在苏南高校尤其是南京高校，苏南5市高校入选人数为387人，占全省高校入选总人数的83.4%；苏中和苏北高校入选人数较少，苏中3市入选31人，仅为苏南的8.0%，苏北5市入选46人，仅为苏南的11.9%。全省13个设区市中，包括苏南5市在内的10个城市均有人才入选如表4-1-3所示，而位于苏中的泰州市、位于苏北的盐城、宿迁这3个城市无一人入选。

表4-1-3　各设区市省特聘教授数量情况表　　单位：人

设区市	2010年	2011年	2012年	2013年	2014年	2015年	2016年	2017年	2018年	总量
南京	13	23	28	31	35	33	36	37	46	282
徐州	0	5	4	3	4	6	4	10	8	44
镇江	1	6	4	3	4	5	6	7	7	43

续表

设区市	2010年	2011年	2012年	2013年	2014年	2015年	2016年	2017年	2018年	总量
苏州	4	5	4	4	4	5	4	6	4	40
扬州	0	1	2	1	2	0	2	5	4	17
南通	1	1	1	1	2	2	1	2	3	14
无锡	0	0	2	1	2	3	2	2	1	13
常州	0	1	1	1	1	0	2	1	2	9
淮安	0	0	0	0	0	0	1	0	0	1
连云港	0	0	0	0	0	0	1	0	0	1

5.人才来源情况

数据结果显示，省特聘教授回国前所在国家主要集中在美国、新加坡、英国、日本、澳大利亚等；回国前所在机构主要集中在新加坡南洋理工大学、新加坡国立大学、加拿大环境部等，如表 4-1-4 所示。

表 4-1-4　省特聘教授回国前所在国家及机构情况(前五)

排名	回国前所在国家	数量	回国前所在机构	数量
1	美国	214	新加坡南洋理工大学	21
2	新加坡	38	新加坡国立大学	8
3	英国	29	加拿大环境部	4
4	日本	22	宾夕法尼亚大学	4
5	澳大利亚	21	弗吉尼亚联邦大学	4

6.学科领域分布

按照一级学科分类，全省特聘教授所在学科主要集中在材料科学(13%)、生物学(11%)、化学(7%)、药学、化学工程、基础医学等 5

个一级学科，如图 4-1-3 所示。

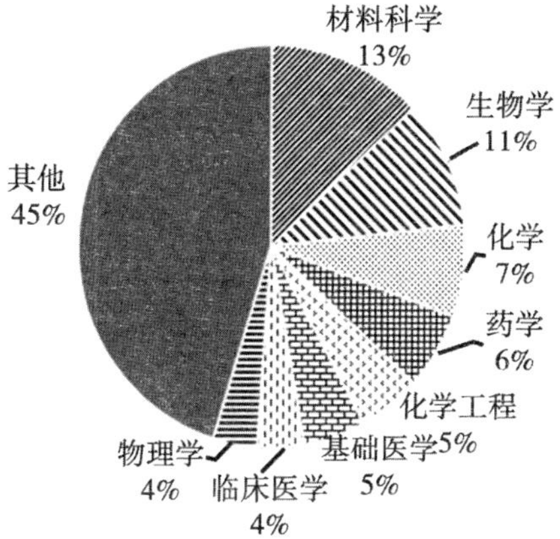

图 4-1-3　省特聘教授一级学科分布情况

（二）成果产出与绩效

1.人才成长情况

省特聘教授中共有 230 人入选国家和省部级以上人才项目，占比为 50%。其中，入选海外引才计划 73 人，长江学者特聘教授 17 人，长江学者青年教授 12 人，长江学者讲座教授 1 人，国家杰出青年基金 37 人，国家优青 25 人，国家“万人计划”青年拔尖人才 17 人，国家“万人计划”领军人才 41 人，国家百千万人才工程 16 人，“973”首席科学家 8 人，“863”首席科学家 2 人，科技部中青年科技创新领军人才（科技部）37 人，教育部新世纪优秀人才 40 人，教育部创新团队发展计划 2 人，省杰青 63 人，省青蓝工程创新团队带头人 22 人，省高校优秀科技创新团队 8 人，双创个人 103 人，双创团队领军人才 29 人，第四期“333 工程”一层次 5 人，第四期“333 工程”二层次 49 人。

2.论文、著作、专利情况

从发表学术论文情况看，以第一作者（通讯作者）或独立发表学术论文 8 850 篇（国外刊物 7 178 篇），其中收录 ESI 768 篇，EI

1 440篇，SCI 6 986 篇，CSSCI 47 篇。其中，发表论文数量排前三的都为江南大学食品科学与工程的教授，分别是陈卫 413 篇、胥传来 338 篇、匡华 136 篇。

从出版论著看，共发表著作 168 部（外文著作 89 部），其中发表论著数量排前三的分别为南京信息工程大学的郑军（大气科学）15 部、江南大学的李海涛（化学）7 部、南京邮电大学的解令海（材料科学与工程）6 部等。

从获授权专利情况看，获授权专利 2 219 项，其中获国内授权专利 1 769 项，获美日欧授权专利 153 项。授权专利数量前三位的分别为南京林业大学勇强（林业工程）250 项、江南大学胥传来（食品科学与工程）216 项、苏州大学杨增杰（药理学）110 项。

3.成果获奖情况

从成果获奖看，共有 131 人获得国际、国家和省部级奖励共 372 项，平均获奖 3 项。其中成果获奖数量排前三的为南京中医药大学王福顺（心理学）15 项，南京邮电大学（信息与通信工程）周亮 12 项，中国矿业大学周福宝（安全科学与工程）和南京医科大学胡志斌（公共卫生与预防医学）各获 11 项。

4.科研项目及成果转化

从主持国家和省部级重大科研项目情况看，主持项目共 2 996 项，其中国家级科研项目 2 010 项，省部级科研项目 2 206 项，其中主持项目数量排前三的为南京理工大学刘伟（材料科学）438 项、江南大学的李海涛（食品科学）323 项、南京林业大学付宇（林业工程）208 项。

从成果转化看，成果转移转化共 621 项，成果转移转化产生经费 45 亿元，其中成果转化产生经费排前三的都为江南大学教授，分别为陈卫（食品科学）30 亿、刘元法（食品科学与工程）6 亿、钱春香（材料科学与工程）和吴敬（轻工技术与工程）各 3 亿。

从获得经费资助情况看，共获得 23 亿元经费资助，实际到账 17 亿元，其中省财政资助 5 亿元，个人通过申请项目获资助 18 亿元。

5.硕博研究生培养

从培养学生看，培养博士生 1 680 人，硕士生 5 179 人。其中培养博士生人数排前三的为江南大学陈卫(食品科学)27 名、东南大学孙伟锋(微电子学与固体电子学)27 名、苏州大学陈苏宁(临床医学)24 名。

(三)重大成果和典型

发表高水平论著，提升学科建设水平。南京农业大学张正光教授所在学科团队近五年发表 SCI 收录论文近 500 篇，其中在 *Science* 杂志上发表论文 1 篇，在 *Nature* 杂志与 *Cell* 杂志子刊等高水平期刊发表论文 10 余篇，为农业科学 ESI 排名进入全球 1‰做出了重要贡献。南京信息工程大学盖鑫磊教授，作为主要参与人，2018 年南信大“环境科学与工程”成功获批一级博士学位授权点，南信大环境生态学也进入 ESI 国际学科排名世界前 1%。南京中医药大学杨烨教授为学校的药理学与毒理学学科进入 ESI 全球排名前 1%做出了主体性贡献。南京理工大学金成教授出版《阿秒和强场物理：原理与应用》填补了阿秒物理新兴学科相关教材的空白。

开展科技创新，获得巨大突破和影响。江南大学陈卫教授发明专利“一种具有排镉功能的植物乳杆菌及其用途”荣获中国专利奖金奖，同时围绕该研究申请中国发明专利 7 项，获授权 5 项，申请国际专利 5 项并已通过专利合作协定(PCT)实审，在业内产生了一定的影响。南京信息工程大学盖鑫磊教授首次在我国大气颗粒物中发现了富勒烯，这一重大原创性成果发表在环境领域顶级期刊 *Environ. Sci. Technol. Lett.*上，且被选为该期刊 2016 年度最佳论文(唯一来自中国的论文)。

培养人才队伍，建设创新团队和创新平台。苏州大学功能纳米与软物质研究院刘庄教授培养的研究生中，已有 5 人在国内知名高校获聘正教授，5 人担任副教授，其中 3 位博士于 2018 年入选“全球高引用科学家名录”(材料科学)。南京信息工程大学自动化学院院长刘青山教授，积极在研究生培养模式方面的进行探索创新，荣获江苏省 2015 年研究生培养模式改革成果三等奖，指导学生多次在国际著名的算法竞赛中获得第一名，带领学生数次获得省部级以上创新实践奖 10 余次。江南大学陈卫教授和胥传来教授分别作为领军人才组建成立了“乳酸菌理论与技术”“食品安全”创新团队并先后入选科技部重点领域创新团队，团队中有 15 人入选省部级以上项目。

加快成果转化，带动产业快速发展。江南大学刘元法教授团队在保龄宝生物股份有限公司、湖南汇升生物科技有限公司等完成成果转化 10 余项，产生经济效益达 30 亿以上，在节能减排及农民增收方面还获得显著的社会效益。南京林业大学勇强教授研发的“植物纤维原料酶法生产低聚木糖技术”“田菁酶法制备半乳甘露低聚糖技术”等一批成果填补了国内空白，并成功转移转化。江南大学陈卫教授开发的相关具有缓解镉毒性功能的益生菌发酵食品的专利菌株已在北京和美科盛、苏州摩卡等 7 家乳品及生物科技企业实现生产应用。

积极服务社会，产生重要经济社会效益和贡献。南京航空航天大学唐敦兵教授带领 10 多个团队在产学研方面成绩显著，已签订合同 50 多项，总金额超过 3 000 万元，为地方的经济建设做出了突出贡献，所领导的研究院被评为江苏省新型研发机构。河海大学陈永辉教授创新发展了软土就地固化技术和设计理论，填补了该领域设计理论的空白。该技术已在国内 30 多个重大工程中应用，工程量约 300 万立方，造价约 3.49 亿元。江南大学刘元法教授与中粮、鲁花、雅培、美国维益等企业开展产学研合作 30 余项，新增产值 15 亿元。江南大学匡华教授团队开发的系列检测试剂盒和试纸条技术在国内农产品、食品加工企业和质检部门，得到了广泛应用。南京理工大学金明杰教授针对我国秸秆种类多样、地域性和季节性强、秸秆焚烧现象严重的现状，进行了混合秸秆制糖工艺与高效预处理工艺的关键设备和技术的开发，建立了一套适合我国国情的秸秆炼制体系。

三、存在的问题

（一）区域分布不均现象有待改善

从区域分布看，全省共有 31 所省部属高校的 464 名人才入选江苏特聘教授，南京高校入选人数最多，入选人数达 282 人，占全省高校入选总人数的比例高达 60.8%；徐州高校入选人数位居全省第二，全市 3 所高校共入选 44 人，占全省高校入选总人数的 9.5%；再次是镇江和苏州，2 市高校分别有 43 人和 40 人入选，分别占全省高校入选总人数的 9.3% 和 8.6%；此外，扬州高校入选 17 人，南通高校入选 14 人，无锡高校入选 13 人，常州高校入选 9 人，连云港和淮安各入选 1 人。从以上可看出，江苏特聘教授计划目前仍然存在区域分布不均现象，全省入选人才高度集中在苏南高校，尤其是南京高校。苏南 5 市高校入选人数为 387 人，占全省高校入选总人数的 83.4%；苏中和苏北高校入选人数较少，苏中 3 市仅入选 31 人，仅为苏南的 8.0%，苏北 5 市入选 46 人，仅为苏南的 11.9%。全省 13 个设区市中，包括苏南 5 市在内的 10 个城市均有人才入选，而位于苏中的泰州市、位于苏北的盐城、宿迁这 3 个城市无一人入选。

（二）部属高校入选人数有待提高

从高校类别来看，全省 31 所省部属高校 464 名特聘教授中，22 所省属高校共有 328 名人才入选，占“特聘教授”入选总人数的 70.7%；入选人数前 10 位高校中，排名前 8 位的全部为省属高校。而 9 所部属高校共有 136 名人才入选，仅占“特聘教授”入选总人数的 29.3%，其中南京大学和东南大学两所 985 高校分别仅入选 21 人和 18 人，南京理工大学和南京航空大学两所“双一流”国防科工院校分别仅入选 16 人，中国矿业大学仅有 10 人入选。从以上分析可以看出，江苏特聘教授计划目前仍然存在部省属高校入选名额分配不均的情况，省属高校入选名额较多，占据主导地位，而部属院校入选名额较少，有待进一步提高。

（三）政策设计和贯彻落实上有待加强

通过调研发现，江苏特聘教授计划每年名额偏少，很多高校反映许多同样条件的优秀人才因为名额限制的原因不能获得资助，制约了优秀人才的引进和培养，进一步影响了高水平大学建设。江苏特聘教授计划侧重海外引才，对本土培养的高层次人才重视不足，存在“招来女婿、气坏儿子”的情况。江苏特聘教授计划对省属高校和部属高校的支持政策实行了差别化对待，省财政为中央高校提供的科研经费和奖金为地方高校资助标准的50%。在高校科研经费使用上，科技部门、财税部门和学校规章等不同文件无法完全衔接，部分好的政策落地不实，高校实际情况与上级部门政策存在较大差距，有些地方在落实省“人才26条”等政策方面不够深入。此外，人才项目成果统计冗杂、表格繁杂、频率较高、工作量大，花费了大量的工作时间和精力，缺乏一个高效便捷、一劳永逸的人才项目管理信息系统。

（四）人才服务和环境保障有待完善

有些高校反映，江苏省部分年龄较大的海外引进人才以及配偶全职回国后，到退休时社保缴费年限未满15年，将无法享受退休相关待遇。同时，在出入境管理方面，江苏省海外专家在海外高层次人才窗口申请长期签证的周期长、通过率低。有些学校引进的高层次人才，其子女入学问题大多依靠私人关系解决，地方政府没有给予足够的支持。高校人才流失现象值得关注，许多高校特聘教授反映，江苏长期存在升学难、高考难问题，抑制了人才流入，促使了人才流出，部分高端人才伴随着子女“高考移民”流入上海、杭州、深圳、天津等地。同时，广东、浙江、上海等省在人才引进的力度和财力支持上比江苏更大，对江苏高层次人才形成“虹吸效应”，部分高校人才流失现象较为严重，学校处于较为被动的状态，缺少有效的管控手段。

四、对策建议

（一）加大经费投入，扩大人才规模

省财政专项经费增加到每年1亿元，提高岗位津贴和科研经费支持额度。扩容岗位数量，每年江苏特聘教授名额增加到100名，实现到2020年选聘600位左右江苏特聘教授的目标。进一步加大引才力度,拓宽海外引才渠道,重视本土人才培养,加快带动领军人才队伍和学术创新团队建设,构筑江苏高校人才高地。

(二)优化选聘和支持方式

江苏特聘教授计划要坚持突出重点、合理布局、保证质量、注重实效的原则,扩大设岗学科覆盖面,促进产才融合发展。选聘政策统筹考虑优势领域和均衡发展,适当向战略新兴学科、国防军工领域、苏北高校、行业特色高校倾斜。在江苏特聘教授项目中增加团队项目,优先支持一批优秀人才集聚、优势特色重点学科、依托创新平台载体的团队。

(三)完善考核评估制度

严格执行聘期目标管理和考核评估制度。将高校特聘教授绩效评价结果作为江苏高水平大学建设绩效评价依据,可根据考核评价的结果好坏,适当增减岗位名额。尊重学术特点和科研规律,对期满考核的高校人员,可考虑将期满后两年内的成果纳入考核范畴,对优秀的特聘教授人选在续聘期继续给予一定的经费支持。

(四)加强人才间交流合作

建立江苏省特聘教授联络机制,将江苏高层次人才联系为一个整体,不定期开展交流活动,实现信息互通、优势互补;按照学科门类建立江苏特聘教授联谊会,加强江苏特聘教授的沟通交流;由高校轮值举行江苏特聘教授等人才项目的经验交流会,加强江苏人才工作者联盟建设。

(五)加强人才服务保障

妥善解决特聘教授出入境、居留、落户、子女入学等事宜;协助解决高层次人才社保缴纳、住房安居、配偶工作等问题;鼓励有条件高校与地方共建联建中小学幼儿园。为省级以上高层次人才子女入园和义务教育阶段入学提供便利,以就近入学为原则,在户籍所在的县区内选择5所公办学校备选,由高校与所在县区教育主管部门协商解决。

第二章　江苏高校“青蓝工程”绩效研究

受江苏省教育厅委托，江苏人才发展战略研究院作为第三方，对江苏高校“青蓝工程”总体情况进行了绩效研究，形成如下报告：

一、总体工作

江苏高校“青蓝工程”是江苏省教育厅面向全省高校设立并实施的一项重点人才资助项目，旨在加强高校中青年骨干教师培养，着力培养造就一批优秀青年骨干教师、中青年学术带头人和优秀教学团队，充分发挥青年英才在创新驱动发展战略中的重要作用，激发高校的创新创业活力和综合竞争力，为江苏加快实现教育现代化和“两聚一高”新实践提供智力保障。该工程自 1996 年启动实施，已历时 23 年。面对新时代、新形势、新要求，“青蓝工程”不断优化完善，逐步彰显出工作新亮点、新特色。

（一）制定管理办法，严格规范程序

2017 年，制定《江苏高校“青蓝工程”管理办法》，突出目标重点，对原则目标、选拔条件、选拔程序、支持方式、考核管理进行了完善和规范。一是明确组织实施原则，“青蓝工程”按照学校推荐、专家评审、择优培养、分类指导、目标考核的原则组织实施，面向全省各类高校从事教学科研工作的在职在岗教师。二是增加选拔频次，2017 年起“青蓝工程”由两年选拔一次改为每年选拔，每年选拔优秀青年骨干教师 350 名左右，中青年学术带头人 160 名左右，优秀教学团队 40 个左右。三是坚持以德为先，把师德师风作为评价教师队伍素质的第一标准，严格按照师德的条件标准，严明学术规矩，弘扬学术道德，维护学术权威，形成正确的学术导向和良好的学术风气；如发现弄虚作假、抄袭剽窃等师德失范和学术不端行为，坚决执行“一票否决”。

（二）突出分类分层评议、差别化竞争

一是针对处于不同层次、不同职业发展阶段的教师进行分类选拔，主要分为优秀青年骨干、中青年学术带头人和优秀教学团队带头人，使“青蓝工程”更加体现队伍梯次、团队建设、内涵发展的特色。二是针对不同水平、不同类型的学校教师进行分层分类选拔，确保同层次高校的申报人员在同组竞争，让各级各类高校都有获得省级平台培养青年教师的机会；优秀青年骨干教师分为重点本科（硕博士授权高校）、一般本科和独立学院、高职院校 3 个组，优秀中青年学术带头人分为本科、高职院校 2 个组，优秀教学团队分为本科、高职院校 2 个组。三是兼顾质量水平和区域均衡，本着人才选拔不唯年龄、不唯学历、不唯资历的原则，如申报者确实优秀，准予参评，从严评审；在同类学校中，适当向苏北高校、民办院校倾斜。

（三）实行省校两级共同培养、考核管理

“青蓝工程”由省、校共同选拔、支持培养和考核，培养期为三年。在经费支持方面，优秀青年骨干教师培养对象资助科研经费 4 万元/人；自然科学类、人文社会科学类中青年学术带头人培养对象分别资助科研经费 10 万元/人、8 万元/人；优秀教学团队资助建设经费 30 万元/个；由省财政资助 50%，所在高校统筹 50%，经费一次性核定并下达。在考核管理方面，“青蓝工程”培养对象实行目标管理和考核评估制度，个人和团队入选后即与所在高校签订目标责任书，确定培养计划和建设目标，作为考核评估的重要依据；考核分中期考核和期满考核，中期考核由所在高校负责，期满考核由省教育厅组织。

（四）落实教书育人、扎根一线的中心任务

“青蓝工程”面向一线教学教师进行选拔，全面衡量申报人员的教育教学水平实绩。优秀骨干教师、学术带头人申报人员必须具备3年以上或5年以上的主干课独立教学经历，且教学成绩突出，在教学研究方面有所探索和建树，团队带头人要坚持在教学第一线为本（专）科生授课。对在人才培养模式方面进行改革创新、具有先进教学理念和方法的申报人员进行倾斜，择优遴选，着重体现教学的中心地位。

（五）体现年轻化、团队性和创新性特点

“青蓝工程”面对未来长远发展，重点选拔中青年人才，积极储备青年人才、培养新生力量；发挥“大师＋团队”效应，加强对优秀教学团队的选拔，整体提升教师队伍教学科研水平。优秀青年骨干教师在1～2个领域有较深入的研究，近五年取得了较高水平的科研成果，拟开展的研究工作属本学科专业的前沿方向或有较大应用价值；中青年学术带头人对专业建设贡献突出，拟开展的研究工作具有创新性构想并有较大发展潜力；团队带头人在本学科专业或本行业具有较大的影响力，长期致力于学科专业建设，致力于人才培养模式改革创新。

二、主要成效

江苏高校“青蓝工程”是我省启动最早、历时最长、从未间断的人才工程，自1996年实施以来，有力地推动了江苏省高校人才队伍建设、教学和学科发展、科研水平提升，成效比较显著。

（一）“青蓝工程”促进了高校人才竞争力提升

江苏高校“青蓝工程”实施20多年来，截至2018年年底，总共选拔培养优秀青年骨干教师5 480名、中青年学术带头人2 340名、优秀教学团队328个，这些优秀人才已成为当前江苏省高校教师人才队伍建设的重要中坚力量。近年来，江苏省高校人才竞争力显著提升，目前江苏高校国家级高层次人才已逾1 400人次，占全国高校10％。

（二）“青蓝工程”促进了高校青年教师成长

“青蓝工程”的选拔对象重点面向中青年人才，优秀青年骨干教师年龄一般不超过 40 周岁，中青年学术带头人年龄一般不超过 45 周岁。近年来，这种优秀人才年轻化特点更为显著。以 2019 年为例，青年骨干教师、优秀学术带头人申报人员的平均年龄分别为 37 周岁和 40 周岁，远低于文件要求的 40 周岁和 45 周岁。在“青蓝工程”的“第一桶金”支持下，培养对象中现在不乏两院院士、长江学者、教学名师等一大批科学家、教育大家、教科研团队，青蓝工程为青年教师起步发展起到了“奠基石”“助推器”的作用，有效促进了江苏省教师队伍的青蓝相继、人才辈出。

（三）“青蓝工程”促进了全省高校和学科发展

目前，江苏高校“青蓝工程”基本覆盖了全省高校，覆盖率接近 100％，如图 4-2-1 所示。从 2019 年来看，全省 159 所高校共报送 777 人的申报材料，其中硕士以上授权高校 249 人，一般本科院校 108 人，独立学院 60 人，高职院校 344 人，如图 4-2-2 所示。从结果来看，优秀青年骨干教师入选比例平均为 82％，每个申报高校基本都有入选者，如图 4-2-3 所示。此外，江苏高校“青蓝工程”基本覆盖了高校学科专业各个领域，理学类、工科类、文史哲艺类、经管法类、农医类、教育学类等都有体现，实现学科均衡支持。

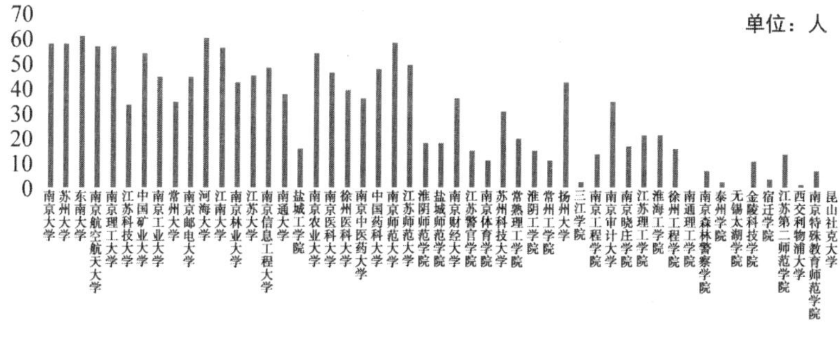

图 4-2-1　全省本科高校中青年学术带头人分布情况（2017 年）

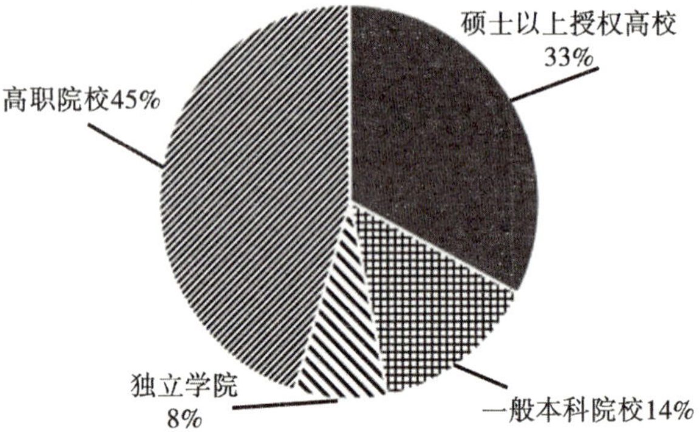

图 4-2-2 “青蓝工程”申报高校分布情况(2019 年)

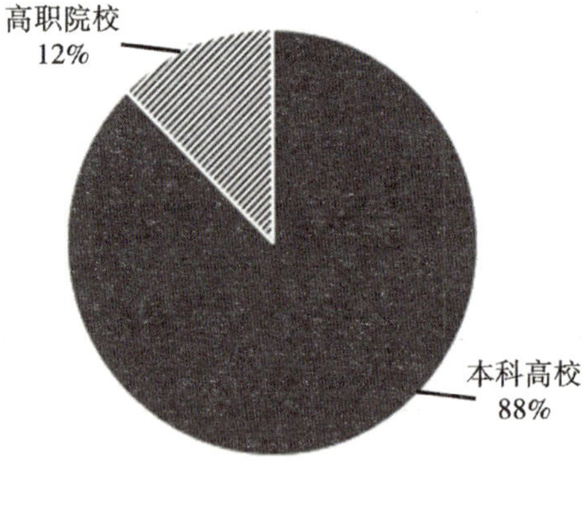

图 4-2-3 全省中青年学术带头人在本科、高职院校分布情况(2017 年)

(四)“青蓝工程”促进了各层次教学团队特色发展

江苏高校“青蓝工程”教学团队特色多,团队成员组建上体现了学科间的交叉融合,如表 4-2-1 所示。高水平大学突出了推进研究型教学和拔尖创新人才培养特色,一般本科院校突出了依托地方、行业办学和应用型人才培养特色，高职院校突出了产教融合、校企合作人才培养特色。

表 4-2-1　江苏高校教学团队特色

高校类别	教学团队特色
高水平大学	研究型教学，拔尖创新人才培养
一般本科院校	依托地方、行业办学，应用型人才培养
高职院校	产教融合，校企合作人才培养

（五）“青蓝工程”促进了高校科技成果不断涌现

江苏高校“青蓝工程”不断激发了高校创新创业活力和综合竞争力，涌现出一大批高水平论文论著和专利成果，实现了人才培养、教育教学、科研创新和服务经济社会的任务使命。“十二五”以来，江苏高校获得国家级、省部级科技成果奖项分别占全国高校获奖总数的 17%和 22%；高校应用研究开发成果转化率超过 60%，贡献了全省 80%以上的哲学社会科学成果，如表 4-2-2 所示。

表 4-2-2　江苏高校科研成果情况

序号	科研成果产出情况	数量
1	江苏高校获得国家级科技成果奖项占全国高校获奖总数的比重	17%
2	江苏高校获得省部级科技成果奖项占全国高校获奖总数的比重	22%
3	江苏高校应用研究开发成果转化率	>60%
4	江苏高校哲学社会科学成果占全省的比重	>80%

三、存在的问题

江苏高校“青蓝工程”取得的成绩非常明显，但也存在着一些问题和困难需要积极应对和解决。

（一）面临“有高原无高峰”的共性问题

当前，江苏高校人才队伍建设存在人才发展体制机制尚需健全完善、具有国际影响力的高层次人才和团队需要更大力度集聚和培养、青年拔尖人才迫切需要加大储备、人才结构和分布有待进一步优化等问题。随着江苏高等教育进入由规模扩张向以内涵为核心的高质量发展转变的关键阶段，江苏高校只有依托“青蓝工程”等人才项目抓手，不断激发高校人才创新创业活力，全面提高教师队伍教书育人能力，努力建设高素质专业化创新型教师队伍，才能在国际竞争中赢得主动、赢得先机、赢得未来。

（二）经费资助力度偏小

根据《管理办法》，优秀青年骨干教师和自然科学类、人文社会科学类中青年学术带头人培养对象分别资助科研经费 4 万元、10 万元、8 万元，且这部分经费由省财政资助 50%，所在高校统筹 50%，培养期限为三年。这与当前省部级以上科研项目、人才项目动辄十几万、几十万的经费资助力度相比，经费资助额度差距非常大，由此造成“青蓝工程”经费支持对高校高层次人才科研经费的比重和影响相对较小，引不起很多高层次人才的足够重视。部分高层次人才只是追求“青蓝工程”的人才帽子，而这与国家清理“五唯”中的“唯帽子”专项行动相冲突。

（三）资助范围有待扩大

当前，江苏高校“青蓝工程”实行分类评议、差别竞争，并兼顾均衡，尽量照顾到所有高校。在每年的江苏高校“青蓝工程”人才申报中，“双一流”建设高校由于人才济济，许多同样条件的优秀人才可能不被资助。苏北高校、民办高校、高职院校也需要倾斜支持。以 2017 年全省中青年学术带头人分布来看，51 所本科高校“青蓝工程”中青年学术带头人为 1 545 人，而 90 所高职院校仅为 220 人。在这种情况下，如何进一步扩大资助范围，将人才工程由特惠转变为普惠，给更多青年教学科研人员“第一桶金”“第一口奶”，更大力度资助他们在省级层面启动教学、科研职业生涯，提高高校优秀人才的积极性，成为需要解决的一个问题。

（四）缺乏持续跟踪和评估研究

江苏高校“青蓝工程”启动早、历时长，每年有好几百人进行申报、获资助和期满评估，相关信息数据没有建库入库、相关情况没有得到及时总结分析、相关成果绩效没有得到科学评估、相关措施做法没有得到优化完善，基本上“一评了之”，至于人才项目有没有效果、效果怎么样、何如优化改进，缺乏持续的跟踪评估和研究。同时，人才项目申报、成果统计冗杂、表格繁杂、频率较高、工作量大，经常会花费政府部门、高校单位、科研人员三方的大量的工作时间和精力，缺乏一个高效便捷、一劳永逸的人才项目管理信息系统来解决这个问题。

(五)高校人才流失现象值得关注

广东、浙江、上海等省市在人才引进的力度和财力支持上比较大，对江苏高校高层次人才形成“虹吸效应”，部分高校人才流失现象较为严重，学校处于较为被动的状态，缺少有效的管控手段。此外，江苏长期存在升学难、高考难问题，抑制了人才流入，促使了人才流出，部分高端人才伴随着子女“高考移民”流入上海、杭州、深圳、天津等地。有些学校引进的高层次人才，其子女入托入学问题大多依靠私人关系解决，有些地方政府没有给予足够的支持。

四、对策建议

(一)实施经费支持经费倍增计划

贯彻落实中共中央办公厅、国务院办公厅印发的《关于深化项目评审、人才评价、机构评估改革的意见》，加大对优秀人才和团队的稳定支持力度，切实加强对青年科研人员的倾斜支持。加大“青蓝工程”的科研经费支持力度，优秀青年骨干教师和自然科学类、人文社会科学类中青年学术带头人培养对象可分别增加资助科研经费至 10 万元、20 万元、15 万元，教学团队增加科研经费至 50 万元。

(二)扩大高校“青蓝工程”普惠范围

探索将人才工程由特惠制转变为普惠制，进一步扩大资助范围，发挥“青蓝工程”奠基石、助推器的作用，给更多青年教学科研人员“第一桶金”，更大力度资助他们在省级层面启动教学、科研职业生涯。对人才济济的“双一流”建设高校给予更多名额，支持更多优秀杰出人才获得资助。兼顾均衡，适当对苏北高校、民办高校和职业院校倾斜支持，保障全省高校均有优秀人才入选，并发挥“头雁效应”，带动提升全省各个高校教师队伍教学科研质量水平迅速提升。

（三）完善考核评估和激励制度

严格执行聘期目标管理和考核评估制度。将高校“青蓝工程”绩效评价结果作为江苏高水平大学建设绩效评价的重要参考，可根据考核评价的结果好坏，适当名额倾斜。尊重学术特点和科研规律，对期满考核的高校人员，可考虑将期满后两年内的成果纳入考核范畴。试点长期资助机制，对优秀教学团队及人才增加一个培养期，继续给予经费支持。同时，坚持正确价值导向，使人才称号回归学术性、荣誉性本质，避免与物质利益简单、直接挂钩。

（四）建立信息化跟踪评估机制

建立人才项目管理信息系统，集成人才申报、专家评议、项目管理、成果填报、绩效评估、统计分析等诸多功能，一方面解决人才项目各种繁杂的事务性工作，另一方面通过信息化手段实现人才、项目、成果的综合管理。可委托第三方，定期对整个人才项目、高校单位、单个人才进行绩效评估研究，及时总结分析相关情况，科学评估相关成果绩效，优化完善相关措施做法。

（五）健全完善人才服务保障环境

妥善解决高校高层次出入境、居留、落户、子女入学等事宜。协助解决高层次人才社保缴纳、住房安居、配偶工作等问题。鼓励有条件高校与地方共建联建中小学幼儿园。为省级以上高层次人才子女入园和义务教育阶段入学提供便利，以就近入学为原则，在户籍所在的县区内选择 5 所公办学校备选，由高校与所在县区教育主管部门协商解决。

第三章　江苏乡土人才资源开发研究

乡土人才是江苏省人才队伍建设的一支重要力量，对于打赢脱贫攻坚战、加快乡村振兴、全面建设小康社会，具有重要而深远的意义。

一、江苏省乡土人才资源开发的主要成效与问题

（一）主要成效

近年来，江苏省高度重视乡土人才发展，专门出台政策，优化发展环境，带动各地各部门谋划推进乡土人才资源开发取得显著成效，主要表现在以下三个方面：

一是省级政策率先推出。江苏省人才工作领导小组于2017年出台《关于实施乡土人才"三带"行动计划的意见》，使得乡土人才与领军人才一起，成为备受关注、重点扶持的人才群体，江苏也成为全国第一个从省级层面部署安排乡土人才工作的省份，成为乡土人才开发的先行者。2018年，江苏评选认定了全省首批乡土人才"三带"名人、"三带"能手、"三带"新秀，成为全国首个从省级层面为乡土人才发放证书的省份。2018年、2019年连续两年组织召开全省乡土人才发展专题推进会，进一步加强乡土人才队伍建设，着力发挥乡土人才在带领技艺传承、带强产业发展、带动群众致富等"三带"方面的重要作用。当前，江苏正将乡土人才开发作为人才工作的重要着力点，全力完善乡土人才培养体系。

二是配套举措持续加强。在省级层面人才工作带动下，各地各

部门把乡土人才纳入人才工作总体布局，加强组织领导，强化工作统筹。例如：省人社厅把乡土人才作为重点人才队伍打造，建立100家江苏省乡土人才技能大师工作室；无锡市把乡土人才纳入“太湖人才计划”升级版框架体系；常州市出台《农业乡土人才选拔培养实施办法》；镇江市制定《非遗项目代表性传承人条例》《优秀乡土人才选拔培养计划》，从制度层面引领保障乡土人才工作；扬州、盐城等地专门召开推进会，着力研究解决支持乡土人才发展的体制机制问题。同时，各地因地制宜制定实施各具特色的扶持措施。例如：扬州成立全省首个乡土人才“三带”研修学院；江北新区将乡土人才纳入“中青年拔尖人才计划”，进行重点培养；句容市专门设立乡土人才基金，成立“亚夫团队工作室”，联合中外33名农业专家共同培育本地乡土人才；泗洪县分领域举办乡土人才比武大赛，千名选手同台竞技，展示乡土人才风采；沛县深入实施“本土人才崛起计划”，选拔优秀乡土人才赴美国、日本、以色列等国进行专业技能培训。

三是带动效应日益显现。在全省重视乡土人才、挖掘乡土人才、发展乡土人才的大环境下，各地也不断提高乡土人才地位，营造有利于乡土人才资源开发的环境氛围。乡土人才带领技艺传承、带强产业发展、带动群众致富的作用不断增强。苏州高新区与苏州工艺美院联合举办培训班，每人每年补贴7 800元，高起点专业化培养“二代绣娘”。泰兴市乡土人才张天勇，延伸黄桥烧饼产业链，实现年销售3亿多元。南京浦口区乡土人才张宴志成立茶叶合作社，每年带动农民增收400余万元，先后帮扶126名低收入农户脱贫致富。

（二）主要问题

虽然江苏省乡土人才资源开发工作有了长足发展，但也要清醒地看到，与省委省政府要求、与乡村基层发展需求、与乡土人才期待相比，还存在一些问题和不足。

一是对乡土人才重要性的认识还不到位，对其内涵边界不清。很多人对乡土人才的定义、内涵、边界不清，对乡土人才具体包含哪些人才、具备什么特点特征、归属哪个部门管理非常模糊。对其重视程度不高，有的地方一说发展就是项目产业，一谈人才就是“高精尖”，没有把乡土人才摆在应有位置，有的甚至认为乡土人才土里土气，可有可无。工作机制不顺，有的地方抓乡土人才责任主体不明确、政策体系不健全、支持举措不完善，支持乡土人才发展的合力尚未形成。产生这些问题的原因是多方面的，但最根本的是没有正确树立“有用即是人才，适合就是最好”的人才理念，没有从内涵深处看到乡土人才的重要地位和价值。

二是乡土人才短缺断档、技艺失传。随着城镇化的快速推进，乡土人才流失过快，在外人才返乡就业创业意向不强。“老年人无力种地，年轻人不会种田”，一些民间技艺青黄不接、后继乏人、面临失传，一些具有传统特色的技能本领缺乏关注、已然消失。根据2018 年对全省 5 万多名高校应届毕业生就业去向的调查，超过 90%的大学毕业生选择留在城市就业，到基层就业不到 10%，其中还有相当一部分是基层公务员、事业单位工作人员。

三是现有的乡土人才资源开发利用不够。乡土人才干事创业平台不多，缺乏职称体系认定支撑，创新创造动力总体不足；乡土人才产业组织化程度低，产品市场化程度不高；对乡土人才开发投入不足，教育培训缺乏，乡土人才现有的知识结构、能力水平与新技术新产业新业态发展需求不相适应；乡土人才社会地位不高、在地方的影响力不大，在支撑乡村振兴中的价值没有得到有效彰显，作用没有得到充分发挥。

二、新时代江苏省乡土人才资源开发的战略思路

乡村振兴，人才是关键。要推动乡村人才振兴，把人力资本开发放在首要位置，强化乡村振兴人才支撑，加快培育新型农业经营主体，让愿意留在乡村、建设家乡的人留得安心，让愿意上山下乡、回报乡村的人更有信心，激励各类人才在农村广阔天地大施所能、大展才华、大显身手，打造一支强大的乡村振兴人才队伍。做好新时代乡土人才资源开发，应准确把握乡村发展大势大局，应势而谋、

顺势而为、乘势而上。

(一)深刻领会乡土人才资源开发的重大意义

乡土人才是江苏省宝贵的人才资源,事关当前脱贫攻坚任务的顺利完成,事关乡村振兴战略的深入实施,事关全面小康社会的如期建成。

从破解发展不平衡不充分来看,目前江苏省发展最大的不平衡是城乡之间的不平衡,最大的不充分是乡村发展不充分,最大的短板是乡村人才的匮乏。大力发展乡土人才,找到了乡村振兴的突破口、着力点,有利于发挥乡村能人作用,激发人对乡村发展的创造力。乡土人才有自己的绝活、特殊的技艺,有利于集聚技术、信息、资本等生产要素向乡村有序流动,把乡土人才资源转化成乡村发展新优势。

从实施乡村振兴战略看,目前一些农村青壮年劳动力向城市转移,乡村空壳化、空巢化、留守村不同程度上出现。这既是乡村振兴的短板,也是亟待破解的难题。乡土人才扎根乡村、心系乡民,不仅是乡村发展最可靠、最值得依赖的力量之源,而且是吸纳凝聚各类人才,带动农村产业发展的重要渠道。

从全面建成小康社会来看,建设"强富美高"新江苏,最艰巨、最繁重的任务在农村,最广泛、最深厚的基础在农村,最大的潜力和后劲也在农村。乡土人才主体在农村,补齐乡村发展短板,缩小城乡差别,实施脱贫攻坚、高质量发展,推进农业农村现代化,最现实、最有效的办法是发挥乡土人才的独特作用。大力支持乡土人才发展,有利于发挥乡村能人作用,激发对乡村发展的创造力;也有利于引导人才、技术、信息、资本等生产要素向乡村流动,促进乡村产业发展,推动乡村全面小康社会建设。

(二)顺势紧抓乡土人才资源开发的历史机遇

当下中国正处于一个人才为本、创新为道的时代,一个创新驱动、人才引领的时代。察势者智,驭势者赢,推动乡土人才发展,要主动顺应发展趋势,善于捕捉发展先机。

把握乡村振兴发展的机遇。我国实施乡村振兴战略，并将其上升到国家战略层面。2018 年中央一号文件则将乡土人才开发作为实施乡村振兴战略的重要举措。乡村振兴不仅涵盖经济发展、社会转型，也是乡村科技、教育、文化、人才的全面复兴。随着乡村振兴战略的深入实施，各种生产发展要素加速向乡村集聚，“新乡土时代”已经到来，乡土人才正迎来发展的最大风口、最好时期，一批批土生土长的乡土人才将快速成长，变成会管理、懂技术、善经营的能工巧匠，成为推动乡村振兴的中坚力量。实践证明，盘活乡土人才队伍，能为乡村振兴提供内在支撑。

把握深化改革开放的机遇。深化改革、扩大开放，特别是“一带一路”建设的加快推进，进一步拓展了发展空间，也为乡土人才发展孕育了巨大潜力。南通市 100 多万的建筑铁军，遍布全球 140 多个国家和地区，境外年产值 10 多亿美元，“建筑之乡”品牌享誉世界。东海县借力“一带一路”倡议开放新优势，坚持出国门去学习、到国际上发展，学习借鉴世界知名水晶品牌施华洛世奇的工艺技术和销售模式，加强与世界主要水晶原材料产出地捷克合作，不断提升东海水晶品质品牌，实现“买全球、卖全球”，成就了如今百亿产值的“世界水晶之都”。

人才政策红利叠加的机遇。近年来，从省级层面的“人才 26 条”“人才 10 条”“科技 30 条”，到市县层面的系列支持举措，突出放权松绑，优化人才环境，破除体制机制障碍，着力为人才发展搭建舞台、拓展空间，也为乡土人才发展做出了制度安排。乡土人才创造活力和发展潜力大，有基础、有条件、有能力用好政策红利，融入创新发展的时代潮流、谱写创新发展的乡村篇章。

（三）创新提出乡土人才资源开发的发展思路

抓住当前我省实施人才强省战略、乡村振兴战略，突出乡土人才队伍建设的重要性，纳入全省人才工作总体布局，谋划乡土人才发展新思路，开辟人才工作新战场，凝聚乡村振兴新力量，打造江苏人才发展新的增长极，进而开创江苏“新乡土时代”。其具体发展思路如下：

以乡土人才为火炬，让乡土文化薪火相传、生生不息。乡土人才，一头连着优秀的乡土文化，一头连着厚重的人文创造，是中国传统文化的传承者、守望人。乡土人才的技艺手艺，经历了数百年的历史积淀，汲取了数辈人的创造才华，融合了各地方的人文精华，方孕育出了中国传统文化遗珍，殊为不易，殊为难得，须加珍惜。我们要尊重历史文化积淀、尊重地域风格特点、尊重民间传统习俗，维护和弘扬传统技艺技能所凝聚的精神追求、蕴含的文化元素，倡导传承经典、守正出奇、推陈出新，让乡土文化发扬光大、历久弥新。

以乡土人才为头雁，让乡村人才青蓝层出、梯队分明。古语有云："用一贤人而群贤毕至，相一良马而万马奔腾。"我们要发挥乡土人才源自群众、扎根基层的特点，培育和挖掘农村的"土专家"和"田秀才"，引导他们发挥自身特长，充分利用自身技术、管理、资源优势，发挥"领头雁"的示范引领带动作用，让乡土人才快速成长起来，让更多"身怀绝技"的"潜才""偏才"涌现出来，凝聚起乡土人才强大合力，真正实现乡土人才的种子遍洒田野、开花结果。

以乡土人才为根基，让乡土产业茁壮成长、枝繁叶茂。一门好手艺往往能发展成为一个好企业，一个好企业往往能引领发展一个好产业。我们要激发乡土人才的创造创业活力，培育和弘扬精益求精的工匠精神，激发创新创业创造热情，不断提升传统技艺技能的传承和再创造能力。坚持创新性发展、创造性转化，引导乡土人才强化产品意识、市场意识、产业意识，大力实施品牌战略、品质战略和品位战略，推动传统技艺与现代生活、现代元素、现代科技相结合，着力培育一批在国内外有影响力的历史经典产业和乡土特色产业。

以乡土人才为资源，让乡土地区农民增富、乡村振兴。乡土技艺技能是乡村产业的重要依托，是实现脱贫致富、乡村振兴的宝贵资源。"一木不成林，一花不成春"，我们要支持先富带后富、共同奔小康。积极搭建"名师带徒"平台，深入开展师徒结对、技艺传承活动；引导返乡下乡在乡人员结合自身优势和特长，投身传统技艺技能学习；支持乡土人才牵头，成立各种形式的专业合作社、联合会，带动群众创业增收。以乡土人才为纽带，培育一批人才集聚、产业集群的特色小镇。

（四）科学把握乡土人才资源开发的几个辩证关系

一是把握本土人才和引进人才的关系。引育并举，这是人才工作的基本原则和规律；开发乡土人才资源要正确处理“引”和“育”的辩证关系，坚持以育为基，以引为要，引育并举。乡土人才建设重在本土培育；江苏乡土人才门类全、基数大，刺绣、琴筝、玉雕等无不体现着“江南特色”，光全省工艺美术类从业人员就达百万之众，产业规模超千亿元。因此，充分认识本省乡土人才这支队伍的力量，深入开展乡土人才寻访推荐活动，动态掌握人才数量、专业、特长等状况，发现和推介各方面乡土人才，加大开发和利用，让广大乡土人才的能量在江苏大地充分释放，活力在“强富美高”新征程中竞相涌流。乡土人才建设也要加大人才引进，乡土人才工作要体现“聚天下英才而用之”“人人皆可成才，人人尽展其才”的新时代要求；发挥江苏引才聚才成才的环境优势、兼容并包的文化氛围，吸引一批省外身怀绝技绝活的能工巧匠、技艺良才，给户口、给荣誉、给支持。针对不同培养对象确定各自培养目标，共性需要的实施集成支持，个性需要的实施定制培育，最终能让他们带着技能在江苏成家立业，尽显所能，一展所长，打造乡村人才“逐梦之地”。

二是把握高端人才和乡土人才的关系。实现中华民族伟大复兴的中国梦，必须团结凝聚最广大的人才。加快全省人才队伍建设，不仅要关注高精尖的科技人才，也要重视具有乡土气息的“土专家”“田秀才”，引导广大人才积极投身到乡村振兴战略中来。高层次人才，通常是以战略科技人才、科技领军人才、创新型企业家等为代表，在所从事的科技领域有较深造诣、较高威望，或者能够研发、掌握关键技术，或者引领发展高科技产业的领军型人才，是科技人才中的核心力量。谁拥有了高层次科技人才谁就能够占据优势、拥有未来。乡土人才是农村实用人才的俗称，成长于民间、成才于民间，他们是农村本土的“小能人”“土专家”和“田秀才”，许多乡土人才在外积累了一定的社会资源和技术经验，成长为农民企业家、种植高手、养殖能人和能工巧匠等，成为广大农村农民的榜样和领路人，成为连接高端人才和广大农民群众的桥梁和纽带，是乡村振兴不可或缺的重要力量。由此可见，高端人才和乡土人才处在人才梯队的上下两端，发挥着不同但都至关重要的作用，协力实现乡村振兴和伟大中国梦。

三是把握政府引导和市场主导的关系。一方面，要善用用好政府“有形之手”，更好发挥政府引导作用，造就更多乡土人才，大力培育新型职业农民，扶持培养一批农业职业经理人、经纪人、乡村工匠、文化能人、非遗传承人等。但也要注意避免人才引育上大包大揽、事无巨细，人才管理上过度干预、过分消费等问题。“有形之手”的运用应当在行政干预上做“减法”，做好乡土人才工作的“放、管、服”。在人才服务上做“加法”，强化公共服务职能。在政策优化上做“乘法”，找准政策体系的短板、棱角，理清条条框框，查漏补缺、精准立制。另一方面，要尊重重视市场“无形之手”，要充分引入市场机制，凡是市场能发挥作用的就交给市场，凡是企业能发挥作用的就交给企业，凡是社会能发挥作用的就交给社会，为破解乡土人才供给不足、动力不足、支持不足等难题找到“金钥匙”。主动适应农村经济发展特点、乡土人才成长规律和现代经济社会发展需求，推动传统技艺技能与现代生活、现代科技相结合，推动传统技艺技能向现实生产力转化，推动传统技艺技能向市场需求、向经济效益转向，打造乡土人才和传统技艺技能的内生动力，真正让乡土人才“香”起来、多起来、强起来。

三、新时代江苏省乡土人才资源开发的重点任务

2019年初，江苏省组织部长会议提出“五坚持、五提升”人才工作体系，对当前和今后一个时期全省人才工作进行了总体部署。乡

土人才工作是全省人才工作的重要组成部分，也是短板所在、潜力所在，要以“五坚持五提升”人才工作体系为统揽，把握时代规律、突出工作重点、创新发展思路，切实推动乡土人才队伍建设迈上新台阶。

（一）支持做大做强乡土产业

产才融合是江苏省人才工作的鲜明特色和成功经验，乡土人才发展也要遵循产才融合规律。要发展乡村产业，一个能人带动一个乡村，一门技艺成就一个产业。乡土人才的技能技术大都经历数代人的传承与积淀，具有很强的生产价值和市场潜力。

一是深化农业农村改革，大力培育现代职业农民，“把饭碗牢牢端在自己手里，而且要装自己的粮食”。要支持有能力的乡土人才办企业、兴实业，推动优秀作品转化为特色产品、畅销商品和高端消费品。

二是拉长上下游产业链。在江苏省，舟山核雕、宜兴紫砂、秦淮灯展、邳州黑蒜都是闻名国内外的乡土人才产品，也形成了当地的特色产业。要坚持人才链、产业链、创新链联动发展，构建符合乡土人才特点的生产体系、经营体系和产业体系，推动与乡村旅游、休闲农业、文化创意、健康养老等产业深度融合，实现乡土人才产业“接二连三”。

三是提高产业附加值。制定优化行业标准，引导乡土人才推进技艺传承、技能提升和技术革新，提升品质品位品牌，积极培育地标产品，使“老行当”换发新生机。靖江市为汤包大师孙华靖“牵线”江南大学，攻克速冻技术壁垒，解决“面皮龟裂、风味劣变”难题，成功申请汤包行业首个QS认证，提高了汤包品质。东台市乡土人才许鹏打造西瓜新品“全美4K”，攻克易破易裂难题，产品畅销大江南北，在香港每个卖到150港元。

四是提升产业集聚度。扬州“486非遗集聚区”，汇集了玉雕、漆器等几十个领域的乡土人才，形成了产业集群效应，也叫响了“扬家匠”品牌。要推广“特色人才＋特色产业＋特色区域”模式，建设乡土人才创业园、技艺传承孵化器，着力打造一批人才创业集聚地、产业发展集中区。

（二）培育壮大乡土人才队伍

城市有城市的优势，农村有农村的资源。要充分挖掘利用乡村资源禀赋，集聚培养一大批高素质、专业化的乡土人才。

一是强化乡土人才各环节工作。制定优惠政策，加强农村利好信息宣传，促进在外乡土人才返乡创业。强化乡情纽带联系，建立在外乡土人才定期联系制度和亲属关心关怀制度，组织举办在外乡土人才恳谈会，增强归属感和认同感。各地要立足乡土产业特色，围绕雕刻、刺绣、陶艺、漆器、编织、彩扎等工艺领域，举办“草根明星”“技艺达人”等技能评选活动，让乡土人才“显山露水”。更新人才观念，既要善于挖掘传统乡土人才，又要慧眼发掘潜藏的“怪才”“偏才”，让更多“千里马”得以在广袤的乡村田野上驰骋，书写新时代乡村振兴新篇章。拓宽人才评价标准，把拔尖乡土人才等同于高层次人才来看待，提高乡土人才社会地位与身份层次。

二是强化乡土人才骨干培育。突出带头人培育，注重发挥“领头雁”和“火车头”作用，挖掘、遴选、培育和支持一批带领技艺传承能力强、带强产业发展水平高、带动群众致富效果好的乡土人才带头人。突出青年人才培育，强化乡土人才“接班人”“后备军”建设，通过大师传承、定向培养、技能轮训、政策扶持等形式，加快构建一支懂技术、善经营、会管理的乡土人才队伍。突出引导能人回流，“故乡根深，游子情长”，培育发展乡贤组织，营造新乡贤文化，柔性用好乡贤智慧力量。创造条件，筑巢引凤，吸引学业有成、创业有成、事业有成的当地精英人才返乡发展。宿迁市实施“返乡兴村千人计划”，鼓励本乡本土高校毕业生回村创业发展，培养了 1 400 多名爱家乡、有理想、有本领、有担当的“新村干”，激活了乡村振兴的“一池春水”。

（三）激发乡土人才创新活力

人才发展的关键在体制机制，体制机制的活力靠改革创新。要围绕评价、流动、激励等关键环节，加大改革创新力度，着力破除束缚乡土人才发展的体制机制障碍。

创新评价机制，遵循乡土人才特点，突出品德、能力、业绩导向，建立科学合理的评价方式，不简单套用学术人才标准要求乡土人才。制定出台乡土人才职称评价办法，加快完善技能等级评价制度，大力推进乡土人才到高校兼职，拓展乡土人才职业发展空间。研究乡土专业技术人才和技能人才职业发展贯通办法，破除乡土人才职称评审障碍，探索开辟职称评审“绿色通道”，对市级以上技能大赛的获奖人员可以免于评审，直接认定中级职称。

创新交流合作机制，建立地区之间、城乡之间人才对口合作、定向帮扶制度，大力开展大学生乡村志愿服务和社会实践活动，推动城市和发达地区的人才、项目、资金向乡村有序流动。建立结对帮扶机制，通过嫁接合作平台、邀请专家授课等形式，对乡土人才进行科学指导，在政策、技术、项目等方面提供帮助。

创新激励机制，各级人才项目要向乡土人才和为乡村发展贡献突出的人才倾斜。探索技术入股、专利作价、期权分红等手段，支持乡土人才名利双收。有条件的地方要设立专项，为乡土人才提供资金支持。淮安市在“淮上英才计划”中单设乡土人才专项，每年遴选10个优秀项目，分别给予30万元资金资助，有力扶持了乡土人才发展。

（四）厚植乡土人才成长沃土

人才竞争的实质是环境竞争，“岭深常得蛟龙在，梧高自有凤凰栖”。对于乡土人才工作，拼不起高强度投入，只能靠优质化服务。

打造事业发展平台，定期开展岗位练兵、技能大赛、艺术节博览会等活动，为乡土人才搭建技术交流、技艺展示、产品交易等载体。依托“江苏乡土人才传统技能技艺大赛”等省级比赛平台，分类别组织不同行业领域的技能赛事，让乡土人才同台竞技，让传统技艺百花齐放。注重发挥市场在乡土人才成果升值中的推动作用，坚持搭建乡土人才“三带”成果展示交易平台，举办各类艺术节、作品展、博览会,鼓励乡土人才所创造的工艺产品走向国内国际市场。建立“互联网+”平台,发展电子商务,为传统工艺品插上腾飞翅膀,拓宽线上线下销售渠道。沭阳县选拔101名省内外高校院所专家和乡土人才组成“科技村长团”,到产业特色村和经济薄弱村任职,帮助解决技术难题、推广农业技术,有力推动了乡土人才和乡村振兴的同步发展。

优化政府服务,针对乡村基层公共服务资源短缺、社会保障水平较低的现状,进一步提升公共服务水平,真心实意关爱乡土人才,想方设法解决生活实际困难。健全乡土人才健康服务保障机制,设立乡土人才定点医院和就医绿色通道,提供健康体检、休假疗养、家庭医生等服务。要完善社会服务,用好市场化社会化力量,为乡土人才提供工商注册、税务缴纳、政策咨询、市场信息、产品推介等专业性服务。加快推进乡土人才法治环境建设,实行严格的知识产权保护制度,建立乡土人才快速维权援助机制。

加大资金投入力度,坚持把乡土人才发展放在公共财政优先支持的位置,设立乡土人才发展专项基金,优化产业类引导资金、涉农资金支出结构,撬动社会资本对乡土人才技艺技能培训和创新创业发展给予倾斜支持。探索“人才金融”向乡土人才延伸,鼓励金融机构开发针对乡土人才的定制化金融产品,为乡土人才发展提供多元化金融支持。

四、加强新时代江苏省乡土人才资源开发的保障措施

乡土人才工作涉及面广,关注度高,需要进一步压实工作责任,狠抓工作落实,扎实有序推进,着力集聚服务乡村全面振兴的各方面优秀人才。

(一)完善各部门各地齐抓共管的工作机制

强化部门职责分工、合力推进。省委宣传部、省文化厅要在文化创意、文化投资、产业引导资金配置等方面给予更多扶持。省发改委要把乡土人才作用发挥融入乡村振兴、特色小镇建设和历史经

典产业打造中。省经信委、商务厅要支持乡土人才产品销售、特色园区打造、行业协会建设。省教育厅要协调高等学校、中等职业学校，共同做好乡土人才培养培训工作。省农委要更大力度推进种养殖能手队伍建设，支持乡土人才发展合作社，服务科教兴农。省旅游局要结合推动乡村旅游，开发设计更多支持乡土人才发展的旅游项目。各部门围绕乡土人才资源开发，专题研究乡土人才发展，专门出台相关支持政策，专人推进乡土人才工作，加强部门间沟通协作，形成齐抓共管的良好工作合力。

（二）夯实乡土人才资源开发的工作基础

一要加强理论研究，对乡土人才发展的内涵边界、成长规律、发展模式等最新理论开展研究，并用其指导人才工作实践。二要摸清底数，深入开展乡土人才寻访推荐活动，厘清乡土人才的数量、结构、特长，掌握乡土人才发展空间在哪里、合作对象有哪些、市场渠道怎么找，分类入库、分别建档，建立完善信息互通、资源共享的乡土人才数据库。三要加强研究，及时总结各地各部门的典型经验，分析存在的问题不足，学习借鉴兄弟省市的先进做法，开展乡土人才发展的理论研究，提高工作的规范性和科学性。

（三）营造支持乡土人才发展的浓厚氛围

抓乡土人才工作举措要实，氛围也要浓。一要大力宣传关于乡村振兴、乡土人才发展的方针政策，培植乡村创新基因，培育乡村创新文化。二要定期开展乡土人才工作先进地区和单位的评选表彰活动，落实跟奖跟补政策，总结形成一批可复制可推广的乡土人才资源开发模式。继续定期颁发“三带”名人、“三带”能手、“三带”新秀荣誉证书，主动探索能够激发传承热情、尊崇劳动价值的新经验新做法，让传统技艺更具匠心，让乡土人才更具荣誉。三要广泛宣传优秀乡土人才先进事迹，开展人才典型群像群塑活动，营造对乡土人才“高看一眼、厚爱三分”的社会氛围。四要强化乡情纽带联系，建立在外乡土人才定期联系制度和亲属关心关怀制度，组织举办在外乡土人才恳谈会，增强归属感和认同感。五要崇尚职业道德，激励鼓励乡土人才长守传承之心，久持工艺之技，大力弘扬“工匠”精神，培育“匠心”、提升“匠能”、铸造“匠魂”。传承发扬老一辈名家大师德艺双馨的优良传统，引导乡土人才将崇德、尚艺、传技作为毕生的功课，把为人、做事、从艺统一起来，自觉砥砺人品艺品。

附录　2018～2020 年美国制裁中国企业全回顾

2018 年 8 月 1 日，美国商务部工业安全局(BIS)正式以国家安全和外交利益为由，将 44 家中国企业(8 个实体和 36 个附属机构)列入其出口管制实体清单，如附表 1 所示。美国正式开始对中国进行技术封锁。

附表 1　被列入美国出口管制的 36 个附属机构

序号	实体	附属机构
1	中国航天科技工业股份有限公司第二院	航天科工二院第二总体设计部
2		航天科工二院第 23 研究所(又名北京无线电测量研究所)
3		航天科工二院第 25 研究所(又名北京遥感仪器研究所)
4		航天科工二院第 201 研究所(又名航天科技防御技术研究与实验中心)
5		航天科工二院第 203 研究所(又名北京无线电计量研究所)
6		航天科工二院第 204 研究所(又名北京计算机应用与仿真技术研究所)
7		航天科工二院第 206 研究所(又名北京机械设备研究所)
8		航天科工二院第 207 研究所(又名北京环境特征研究所)
9		航天科工二院第 208 研究所(又名北京电子文献服务中心)
10		航天科工二院第 210 研究所(又名西安长丰机电研究所)
11		航天科工二院 283 厂(又名北京新丰机械厂)
12		航天科工二院 284 厂(又名北京长丰机械厂)
13		航天科工二院 699 厂(又名北京新力机械厂)

续表

序号	实体	附属机构
14	中国电子科技集团公司第十三研究所	河北博威集成电路有限公司
15		河北英沃泰克电子有限公司
16		河北赛诺克电子有限公司
17		河北光明国际有限公司
18		河北医药保健有限公司
19		河北普兴电子公司
20		微电子技术发展应用公司
21		石家庄开发区麦特达微电子技术开发应用公司
22		河北美泰电子科技有限公司
23		华北集成电路有限公司
24		同辉电子科技股份有限公司
25		河北普星电子公司
26	中国电子科技集团公司第十四研究所	南京三思实业公司
27		南京无线电技术研究所

续表

序号	实体	附属机构
28	中国电子科技集团公司38研究所	安徽四创电子股份有限公司
29	中国电子科技集团公司38研究所	安徽博微长安电子有限公司
30	中国电子科技集团公司38研究所	合肥华耀电子工业有限公司
31	中国电子科技集团公司38研究所	合肥博微田村电气有限公司
32	中国电子科技集团公司38研究所	安徽博微广成信息科技有限公司
33	中国电子科技集团公司38研究所	安徽博微瑞达电子技术有限公司
34	中国电子科技集团公司38研究所	博微太赫兹信息科技有限公司
35	中国电子科技集团公司第五十五研究所	南京国盛电子有限公司
36	中国电子科技集团公司第五十五研究所	南京国博电子有限公司
37	中国高新技术产业进出口总公司	
38	中国华腾工业有限公司	
39	河北远东通信系统工程有限公司	

资源来源：https://www.federalregister.gov/documents/2018/08/01/2018-16474/addition-of-certain-entities-and-modification-of-entry-on-the-entity-list

2019 年 5 月 15 日，美国商务部以“国家安全方面的担忧”为由，将华为及其 68 家非美国关联企业列入其出口管制实体清单，如附表 2 所示。并表示今后如果没有美国政府的批准，华为将无法向美国企业购买元器件。

附表 2　被列入美国出口管制“实体清单”的 68 家企业

序号	实体
1	北京华为数字技术有限公司(中国北京)
2	成都华为高科技投资有限公司(四川成都)
3	成都华为技术有限公司(四川成都)
4	东莞华为服务有限公司(广东东莞)
5	东莞绿源实业投资有限公司(广东东莞)
6	贵州省贵阳市贵安新区华侨投资有限公司(中国贵州)
7	杭州华为数码科技有限公司(浙江杭州)
8	海思光电子有限公司(湖北武汉)
9	深圳市龙岗区坂田海思科技有限公司(中国深圳)
10	中国江苏苏州海思泰科技有限公司(中国江苏)
11	华为设备有限公司(中国广东)
12	华为设备(东莞)有限公司(中国广东)
13	华为设备(深圳)有限公司(中国广东)
14	华为数字技术(苏州)有限公司(中国江苏)
15	华为机械有限公司(中国广东)
16	华为软件技术有限公司(中国江苏)
17	中国华为技术服务有限公司(中国)
18	华为技术服务有限公司(河北廊坊)

续表

序号	实体
19	华为培训(东莞)有限公司(中国广东)
20	华谊互联网信息服务有限公司(中国广东)
21	华为北方通信技术有限公司(中国北京)
22	上海海思科技有限公司(中国)
23	上海华为技术有限公司(中国上海)
24	上海莫塞尔贸易有限公司(中国)
25	深圳华为技术服务有限公司(中国广东)
26	深圳华为终端商业有限公司(中国广东)
27	深圳华为培训学校有限公司(中国广东)
28	深圳市华谊贷款小额贷款有限公司(中国广东)
29	深圳市莱格瑞特科技有限公司(中国广东)
30	深圳市智能商务有限公司(中国广东)
31	苏州华为投资有限公司(江苏苏州)
32	武汉华为投资有限公司(湖北武汉)
33	西安华为技术有限公司(陕西西安)
34	西安瑞鑫投资有限公司(陕西西安)
35	浙江华为通信技术有限公司(中国浙江)
36	台湾台北迅威科技有限公司(中国台湾)

续表

序号	实体
37	香港九龙尖沙咀华为设备(香港)有限公司(中国香港)
38	华为国际有限公司(中国香港)
39	华为技术香港投资有限公司(中国香港)
40	华为技术有限公司(中国香港)
41	香港九龙尖沙咀华英管理有限公司(中国香港)
42	香港上环 Smartcom(香港)有限公司(中国香港)
43	华为技术日本 KK(日本)
44	华为技术研发(比利时)
45	华为技术 SRL(玻利维亚拉巴斯)
46	Huawei do Brasil Telecomunicacoes Ltda(巴西圣保罗)
47	华为技术(仰光)有限公司(缅甸仰光)
48	华为技术有限公司(加拿大安大略省)
49	华为智利 SA(智利圣地亚哥)
50	华为技术(埃及开罗)
51	德国华为技术德国有限公司(德国)
52	牙买加金斯敦华为技术牙买加有限公司
53	华为技术投资有限公司(约旦安曼)
54	华为技术黎巴嫩(黎巴嫩贝鲁特)

续表

序号	实体
55	华为技术公司马达加斯加萨尔(马达加斯加塔那那利佛)
56	华为技术有限公司荷兰 UA(荷兰)
57	华为技术投资阿曼有限责任公司(阿曼马斯喀特)
58	巴基斯坦伊斯兰堡华为技术巴基斯坦(私人)有限公司(巴基斯坦)
59	华为技术巴拉圭公司(巴拉圭亚松森)
60	华为技术投资有限公司(卡塔尔多哈)
61	华为国际私人有限公司(新加坡)
62	华为技术有限公司(私人)有限公司(斯里兰卡科伦坡)
63	华为技术瑞士公司(瑞士伯尔尼)
64	英国华为全球金融(英国)有限公司(英国)
65	Proven Glory,British Virgin Islands(英国)
66	Proven Honour,British Virgin Islands(英国)
67	华为技术(越南)有限公司(越南河内)
68	华为技术有限公司(越南河内)

资料来源:https://www.commerce.gov/news/press-releases/2019/05/department-commerce-announces-addition-huawei-technologies-co-ltd

2019 年 6 月 21 日,美国商务部将 5 家中国实体列入了其出口管制实体名单如附表 3 所示,禁止美国供应商采购这 5 家中国实体的部件,称这 5 家实体“参与了旨在违背美国国家安全和外交政策利益的活动”,构成了国家安全关切。

附表3　被列入美国出口管制的5家中国实体

序号	实体
1	曙光信息产业股份有限公司(中科曙光)
2	海光信息技术有限公司(天津海光)
3	成都海光集成电路
4	成都海光微电子技术有限公司
5	无锡江南计算技术研究所

资料来源:https://s3.amazonaws.com/public-inspection.federalregister.gov/2019-13245.pdf

2019年8月15日,美国商务部宣布对中国公司开展新一轮制裁,目标直指核电行业,将中广核集团及其关联公司共4家公司加入其出口管制实体清单,如附表4。

附表4　被列入美国出口管制的4家中广核集团及其关联公司

序号	实体
1	中国广核集团
2	中国广核集团有限公司
3	中广核研究院有限公司
4	苏州热工研究院有限公司

资料来源:https://www.federalregister.gov/documents/2019/08/14/2019-17409/addition-of-certain-entities-to-the-entity-list-revision-of-entries-on-the-entity-list-and-removal

2019年8月19日,美国商务部宣布将把华为购买美国产品的"临时通用许可证"(TGL)再次延长90天,截止日期大约是11月19日。同时新增46家与华为有关联的企业,列入美国出口管制实体清单，如附表 5。

附表 5　46 家与华为关联企业

序号	实体
1	华为科技投资有限公司（阿根廷）
2	华为技术（澳大利亚）有限公司
3	华为技术有限公司（巴林）
4	Bel Huawei Technologies LLC（白俄罗斯）
5	Huawei do BrasilTelecomunicacoes Ltda（巴西）
6	华为技术有限公司（哥斯达黎加）
7	华为技术有限公司（古巴）
8	华为技术有限公司（丹麦）
9	华为技术法国 SASU（法国）
10	华为技术印度（私人）有限公司（印度）
11	华为技术投资有限公司（印度尼西亚）
12	华为技术有限公司（意大利）
13	华为米兰研究院（意大利）
14	华为技术有限责任公司（哈萨克斯坦）
15	华为技术有限公司（墨西哥）
16	华为技术（新西兰）有限公司
17	华为技术有限公司（巴拿马 SA）
18	华为技术有限公司（葡萄牙）

续表

序号	实体
19	华为技术有限公司(罗马尼亚)
20	华为技术有限公司(俄罗斯)
21	华为技术(南非)有限公司
22	华为技术有限公司(瑞典)
23	华为技术(泰国)有限公司
24	华为技术(英国)有限公司,A.K.A
25	Centre for Integrated Photonics, Ltd(英国)
26	北京华为朗信信息技术有限公司
27	杭州新龙信息技术有限公司
28	杭州华为通信技术有限公司
29	华为数字技术(苏州)有限公司
30	华为海洋网络有限公司
31	华为移动科技有限公司
32	华为技术投资公司
33	华为技术有限公司成都研究院
34	华为技术有限公司杭州研究院
35	华为技术有限公司北京研究院
36	华为技术有限公司材料表征实验室

续表

序号	实体
37	宁波华为计算机网络技术有限公司
38	上海华为技术有限公司
39	深圳市华为安捷新电力有限公司
40	深圳华为技术服务部
41	深圳华为技术软件部
42	浙江华为通信技术有限公司
43	汇通商务有限公司
44	深圳海思科技有限公司
45	南昌华为通信技术有限公司
46	深圳华为新技术有限公司

资料来源：https://s3.amazonaws.com/public-inspection.federalregister.gov/2019-17921.pdf

2019年10月7日，美国商务部将28家中国的机构和公司列入了美国出口管制“实体名单”（如附表6所示），原因是“参与或有能力对美国政府的海外政策利益相左”。

附表6　被列入美国出口管制的28家中国机构和公司

序号	实体
1	大华技术
2	海康威视
3	科大讯飞

续表

序号	实体
4	旷视科技
5	商汤科技
6	厦门美亚柏科信息有限公司
7	依图科技
8	颐信科技有限公司
9	阿克苏地区公安局
10	阿勒泰市公安局
11	巴音郭楞蒙古自治州公安局
12	布尔塔拉蒙古族自治州公安局
13	昌吉市回族自治州公安局
14	哈密市公安局
15	和田县公安局
16	喀什地区公安局
17	克拉玛依市公安局
18	柯尔克孜自治州公安局
19	石河子市公安局
20	塔城市公安局
21	图木舒克市公安局

续表

序号	实体
22	吐鲁番市公安局
23	乌鲁木齐市公安局
24	五家渠市公安局
25	新疆警察学院
26	新疆生产建设兵团(XPCC)公安局
27	新疆维吾尔自治区(XUAR)公安局
28	伊犁哈萨克自治州公安局

资料来源：https://s3.amazonaws.com/public-inspection.federalregister.gov/2019-22210.pdf

2020 年 5 月 23 日，美国商务部宣布将 33 家中国科技公司及机构列入美国出口管制名单(如附表 7 所示)，此名单是对 BIS 于 2019 年 10 月宣布的 28 家实体名单的补充。

附表 7　被列入美国出口管制的 33 家中国科技公司及机构

序号	实体
1	中国公安部法医研究所
2	阿克苏华孚色纺有限公司
3	云从科技
4	烽火科技集团及其子公司
5	南京烽火星空通信发展有限公司
6	东方网力科技有限公司

续表

序号	实体
7	深网视界科技有限公司
8	云天励飞技术有限公司
9	上海银晨智能识别科技有限公司
10	北京达闼科技
11	北京云计算中心
12	北京锦程环宇科贸
13	北京高压科学研究中心
14	成都太科光电有限责任公司
15	中国九原贸易公司
16	香港达闼科技
17	达闼科技
18	哈尔滨创越科技有限公司
19	昆海(燕郊)创新研究院(音译)
20	哈尔滨工程大学
21	哈尔滨工业大学
22	哈尔滨蕴力达科技开发有限公司
23	精纳科技有限公司
24	快急送物流(中国)有限公司

续表

序号	实体
25	顶峰多尺度科学研究所
26	奇虎360(Qihoo 360 Technology Co. Ltd.)
27	奇虎360(Qihoo 360 Technology Company)
28	上海诺瓦仪器有限公司
29	四川鼎澄物资贸易公司
30	四川新天元科技有限公司
31	四川图斯克进出口贸易有限公司
32	砺剑天眼科技有限公司
33	复旦大学副教授朱杰进

资料来源:https://www.commerce.gov/news/press-releases/2020/05/commerce-department-add-nine-chinese-entities-related-human-rights

2020年7月20日,美国商务部工业安全局宣布,因为所谓的新疆人权问题,将11家中国企业列入其出口管制实体清单(如附表8所示);被列入之后,这11家公司将无法购买美国原创产品,包括商品和技术。

附表8 11家列入美国出口管制的中国企业

序号	实体
1	昌吉溢达纺织有限公司
2	合肥宝龙达信息技术有限公司
3	合肥美菱有限公司

续表

序号	实体
4	新疆和田浩林发饰品有限公司
5	和田泰达服饰有限公司
6	今创集团
7	南京新一棉纺织印染有限公司
8	南昌欧菲光科技有限公司
9	碳元科技
10	新疆丝路华大基因科技有限公司
11	北京六合华大基因科技有限公司

资料来源：https://news.stcn.com/sd/202007/t20200721_2152779.html

2020年8月17日，美国商务部工业安全局进一步升级了对华为及其在出口管制实体清单上的非美国分支机构使用美国技术和软件在国内外生产的产品的限制。此外，美国还将华为在全球21个国家/地区的38家华为分支机构加入了其出口管制实体清单（如附表9所示），对所有受出口管理条例（EAR）约束的项目都规定了许可证要求。在此次升级的制裁措施中，有两点需要特别注意，甚至可以称之为对华为的终极杀招：新出台的修正案将禁止华为购买基于美国软件或技术来开发或生产的“零件”“组件”或“设备”，除非获得美国的许可证。当实体清单上的华为及其子公司充当“买方、中间收货人、最终收货人或最终用户”时，涉及商务出口管制管辖范围内的项目的任何交易，均需要许可证。

附表 9　38 家被加入美国出口管制的华为分支机构

序号	实体
1	华为云计算技术
2	华为云北京
3	华为云大连
4	华为云广州
5	华为云贵阳
6	华为云香港
7	华为云上海
8	华为云深圳
9	华为 OpenLab 苏州
10	乌兰察布华为云计算技术有限公司
11	华为云阿根廷
12	华为云巴西
13	华为云智利
14	华为 OpenLab 开罗
15	华为云法国
16	华为 OpenLab 巴黎
17	华为云柏林
18	华为 OpenLab 慕尼黑

续表

序号	实体
19	华为技术杜塞尔多夫有限公司
20	华为 OpenLab 德里
21	Toga Networks
22	华为云墨西哥
23	华为 OpenLab 墨西哥城
24	华为技术摩洛哥
25	华为云荷兰
26	华为云秘鲁
27	华为云莫斯科
28	华为 OpenLab 莫斯科
29	华为云新加坡
30	华为 OpenLab 新加坡
31	华为云南非
32	华为 OpenLab 约翰内斯堡
33	华为云瑞士
34	华为云泰国
35	华为 OpenLab 曼谷
36	华为 OpenLab 伊斯坦布尔

续表

序号	实体
37	华为 OpenLab 迪拜
38	华为技术研发英国公司

资料来源:https://www.eet-china.com/news/202008181010.html

2020年8月26日,美国商务部工业安全局宣布将24家中国企业列入制裁名单(如附表10所示),限制其获取美国技术,原因是这些企业"帮助中国军方在南海修建人工岛"。

附表10　24家被列入美国制裁名单的中国企业

序号	实体
1	中交疏浚(集团)股份有限公司
2	中交天津航道局有限公司
3	中交上海航道局有限公司
4	中交广州航道局有限公司
5	中交第二航务工程局有限公司
6	北京市环佳通信技术公司
7	常州国光数据通信有限公司
8	中国电子科技集团公司第七研究所
9	广州宏宇科技有限公司
10	广州通光通信技术有限公司
11	中国电子科技集团公司第三十研究所
12	中国船舶工业集团第722研究所

续表

序号	实体
13	北京崇新八达科技开发有限公司
14	广州广有通信设备有限公司
15	广州海格通信集团股份有限公司
16	桂林长海发展有限责任公司
17	湖北广兴通信科技有限公司
18	陕西长岭电子科技有限责任公司
19	上海凯波水下工程有限公司
20	北京特立信电子技术股份有限公司
21	天津广播器材有限公司
22	天津七六四航空电子技术有限公司
23	天津七六四通信导航技术有限公司
24	武汉迈力特通信有限公司

资料来源：https://www.commerce.gov/news/press-releases/2020/08/commerce-department-adds-24-chinese-companies-entity-list-helping-build

2020年12月21日，美国商务部公布了一份据称与军方有联系的中国和俄罗斯实体的名单，这些与军方的联系会限制这些公司采购一系列美国产品及技术。名单中提到了103个实体，其中包括45家俄罗斯实体和58家中国实体。中国航天动力技术研究院(AASPT)、中国航空工业集团(AVIC)下属的7家实体、中国航空发动机集团(AECC)下属的8家实体等实体均榜上有名，如附表11所示。

附表11　58家中国实体被列入清单

序号	实体
1	Academy of Aerospace Solid Propulsion Technology (AASPT)(航天动力技术研究院)
2	中国航空发动机集团有限公司(AECC)及下属的八个机构： AECC Aero Science & Technology Co. Ltd.(中国航发航空科技股份有限公司) AECC Aviation Power Co. Ltd.(中国航发动力股份有限公司) AECC Beijing Institute of Aeronautical. Materials(北京航空材料研究院) AECC China Gas Turbine Establishment(中国航发燃气轮机有限公司) AECC Commercial Aircraft Engine Co. Ltd.(中国航发商用航空发动机有限责任公司) AECC Harbin Dongan Engine Co., Ltd.(中国航发哈尔滨东安发动机有限公司) AECC Shenyang Liming Aero Engine Co., Ltd.(中国航发沈阳黎明航空科技有限公司) AECC South Industry Company Limited(中国航发湖南南方宇航工业有限公司)
3	Anhui Yingliu Hangyuan Power(安徽应流航源动力科技有限公司)

续表

序号	实体
4	中国航空工业集团有限公司(Aviation Industry Corporation of China)及下属七个机构： AVIC Aircraft Co. Ltd.(中航飞机股份有限公司) AVIC Chengdu Aircraft Industrial (GROUP) Co., Ltd.(成都飞机工业(集团)有限责任公司) AVIC Flight Automatic Control Research Institute (FACRI)(中国航空工业集团公司西安飞行自动控制研究所) AVIC General Aircraft Huanan Industry Co. Ltd.(中航通飞华南飞机工业有限公司) AVIC General Aircraft Zhejiang Institute Co., Ltd.(浙江中航通飞研究院有限公司) AVIC International Holding Corporation(中航国际控股有限公司) AVIC Leihua Electronic Technology Research Institute (LETRI)(中国航空工业集团公司雷华电子技术研究所)
5	Baimtec Material Co., Ltd.(北京百慕航材高科技股份有限公司)
6	Beijing Ander Tech. Co., Ltd.(北京安达泰克科技有限公司)
7	Beijing Aero Lever Precision Ltd.(北京力威尔航空精密机械有限公司)
8	Beijing Guang Ming Electronics Co., Ltd.(北京光明电子有限公司)
9	Beijing Siyuan Electronic Co., Ltd.(北京思源电子有限公司)
10	CAST Xi'an Spaceflight Engine Factory(西安航天发动机有限公司)
11	Chengdu Holy Aviation Science & Tech(成都航利航空科技有限责任公司)
12	China Aviation Ind. Std. Parts(中国航空工业标准件制造有限责任公司)
13	CSSC Xijiang Shipbuilding Co., Ltd.(中船西江造船有限公司)
14	Elink Electronic Technology Co., Ltd.(上海屹领电子科技有限公司)

续表

序号	实体
15	Fly Raise International Limited;(飛揚國際進出口有限公司)
16	Fuhua Precision Man. Co.(合肥市富华精密机械制造有限公司)
17	Government Flying Service(香港特区政府飞行服务队)
18	Guangzhou Hangxin Aviation Technology Co., Ltd.(广州航新航空科技股份有限公司)
19	Guizhou Aviation Tech. Dev. Nat.(贵州航宇科技发展股份有限公司)
20	Guizhou Liyang Intl Manufacturing Co., Ltd.(贵州黎阳国际制造有限公司)
21	Hafei Aviation Industry Co., Ltd. (HAFEI)(中航直升机股份有限公司)
22	Hangzhou Bearing Test & Research Center Co., Ltd.(杭州轴承试验研究中心有限公司)
23	Harbin General Aircraft Industry Co., Ltd.(哈尔滨通用飞机工业有限责任公司)
24	Henan Aerospace Precision Mach(河南航天精工制造有限公司)
25	Hunan South General Aviation Engine Co., Ltd.(湖南南方通用航空发动机有限公司)
26	Hutchison Optel Telecom Technology Co., Ltd.(重庆奥普泰通信技术有限公司)
27	Jiangsu Meilong Aviation Components Co.(江苏美龙航空部件有限公司)
28	Jiatai Aircraft Equipment Co., Ltd.(湖北航宇嘉泰飞机设备有限公司)
29	Jincheng Group Imp & Exp. Co., Ltd.(金城集团进出口有限公司)
30	Laboratory of Toxicant Analysis, Institute of Pharmacology and Toxicology(军事医学科学院毒理药理物研究所,毒物分析实验室)

续表

序号	实体
31	Molecular Devices Shanghai Corporation(美迪希实验仪器(上海)有限公司)
32	Nanjing Engineering Institute of Aircraft Systems (NEIAS)(中国航空工业集团公司金城南京机电液压工程研究中心)
33	National Satellite Meteorological Bureau(国家卫星气象中心)
34	Second Institute of Oceanography, Ministry of Natural Resources(自然资源部第二海洋研究所)
35	Shaanxi Aero Electric Co., Ltd.(陕西航空电气有限责任公司)
36	Shaanxi Aircaft Industry Co., Ltd.(陕西飞机工业有限责任公司)
37	Shanghai Aerospace Equip. Man.(上海航天设备制造总厂有限公司)
38	Shanghai Aircraft Design and Research Institute(上海飞机设计研究院)
39	Shanghai Aircraft Manufacturing Co., Ltd. (SAMC)(上海飞机制造有限公司)
40	Shanghai Tianlang Electronic Science Co., Ltd.(上海天朗电子技术有限公司)
41	Shenyang Academy of Instrumentation Science Co., Ltd.(沈阳仪表科学研究院有限公司)
42	Shenyang Aircraft Corporation(沈阳飞机工业(集团)有限公司)
43	Shenyang Xizi Aviation Industry Co., Ltd.(沈阳西子航空产业有限公司)
44	Sichuan Hangte Aviation Tech. Co., Ltd.(四川航特航空设备有限公司)
45	Star Tech Aviation Co., Ltd.(深圳市诚泰航材设备有限公司)
46	Sumec Instruments Equipment Co., Ltd.(江苏苏美达仪器设备有限公司)
47	Suzhou Eric Mechanics and Electronics Co., Ltd.(苏州市意可机电有限公司)

续表

序号	实体
48	Wuxi Hyatech Co., Ltd.(无锡航亚科技股份有限公司)
49	Wuxi Paike New Mat. Tech. Co., Ltd.(无锡派克新材料科技股份有限公司)
50	Wuxi Turbine Blade Co. Ltd.(无锡透平叶片有限公司)
51	Xac Group Aviation Electronics Import & Export Co. Ltd.(西安飞机工业(集团)航电进出口有限公司)
52	XAIC Tech (Xi'an) Industrial Co., Ltd.(西飞科技(西安)工贸有限公司)
53	Xian Aero－Engine Controls Co., Ltd.(中国航发西安动力控制有限责任公司)
54	Xian Aircraft Industrial Company Limited(西安飞机工业(集团)有限公司)
55	Xi'an Xae Flying Aviation Manufacturing Technology Co., Ltd.(西安西航集团莱特航空制造技术有限公司)
56	Xian Xr Aero－ Components Co., Ltd.(西安西罗航空部件有限公司)
57	Yibin Sanjiang Machine Co., Ltd.(宜宾三江机械有限责任公司)
58	Zhejiang Perfect New Material Co., Ltd.(浙江完美新材料科技有限公司)

资料来源：https://news.mydrivers.com/1/730/730982.html

参考文献

1.俄林、逯宇铎:《地区和国度间的贸易》,华夏出版社 2008 年。

2.沈云琐、陈先奎:《中国模式论》,人民出版社 2007 年。

3.陈继勇:《中美贸易摩擦的背景、原因、本质及中国对策》,《武汉大学学报(哲学社会科学版)》2018 年第 5 期。

4.戴翔、张二震、王原雪:《特朗普贸易摩擦的基本逻辑、本质及其应对》,《南京社会科学》2018 年第 4 期。

5.丁纯:《德国社会保障体制的现状与改革》,《国际经济评论》2000 年第 2 期。

6.广东省政府发展研究中心课题组:《创新驱动背景下广东高层次人才政策研究》,《广东经济》2017 年第 1 期。

7.郭佳、王立杰、汪文生:《高技术产业成长与科研人才的关系研究》,《科技管理研究》2015 年第 10 期。

8.郭俊华、徐倪妮:《基于内容分析法的创业人才政策比较研究—以京沪深三市为例》,《情报杂志》2017 年第 5 期。

9.国务院发展研究中心课题组:《未来 15 年国际经济格局变化和中国的战略选择》,《管理世界》2018 年第 12 期。

10.胡宗山:《西方的疫情政治攻势与中国的应对》,《人民论坛》2020 年第 16 期。

11.鞠伟、周小虎:《新时代中国科技人才政策的变迁与展望》,《中国人事科学》2018 年第 11 期。

12.李富:《人才战略与产业发展的协调性——来自日本的经

验》,《南昌师范学院学报》2014 年第 4 期。

13.梁兴辉、熊荡、姜明雪:《中国县级市聚集经济效应分析》,《地域研究与开发》2018 年第 1 期。

14.刘媛、吴凤兵:《江苏三大区域科技创新人才政策比较研究》,《科技管理研究》2012 年第 1 期。

15.罗建波:《在世界百年未有大变局中把握战略机遇期》,《科学社会主义》2019 年第 3 期。

16.裴玲玲:《科技人才集聚与高技术产业发展的互动关系》,《科学学研究》2018 年第 5 期。

17.沈映春、贾雨洁:《京津冀一体化过程中区域产业与人才结构协调适配度研究》,《税务与经济》2019 年第 4 期。

18.宋国友:《中美贸易摩擦:动因、形式及影响因素》,《太平洋学报》2019 年第 6 期。

19.张伟:《中美贸易摩擦的演变历程、经济影响及政策博弈》,《深圳大学学报(人文社会科学版)》2018 年第 5 期。

20.张蕴岭、杨光斌等:《"百年大变局"中的世界与中国》,《世界知识》2020 年第 9 期。

21.赵紫燕、于飞:《中国区域人才竞争力研究报告(2017)》,《国家治理》2017 年第 22 期。

22.郑代良、章小东:《中美两国高层次人才政策的比较研究》,《中国人力资源开发》2015 年第 21 期。

23.温建功:《新冠肺炎疫情对产业发展的影响分析与应对措施》,清华大学互联网产业研究院,2020 年 3 月 12 日。

24.周小虎:《江苏省设区市人才竞争力评价研究》,江苏人才发展战略研究院,2020 年 1 月 15 日。

25.郭文奇:《产才融合释放高质量发展新动能》,《中国组织人事报》2019 年 11 月 29 日。

26.刘志彪:《疫情对产业影响的特点、风险及政策建议》,光明网,https://theory.gmw.cn/2020-02/25/content_33589490.htm。